生命，因閱讀而大好

이현수
李賢秀——著

陳品芳——譯

原來，我們內心有一間解憂藥局

每天調配一點幸福感，改善心靈環境，扭轉負面情緒

마음 약국

감정이 일상을 지배하지 않게,
오늘의 기분을 돌보는 셀프 심리학

自序

人生中消失的時間

「我憂鬱症期間無法顧到兒子，不知他從何時開始走歪了。好不容易上了大學、順利退伍後，卻完全不想工作，整天只顧著玩遊戲。只要稍微唸他幾句，就會回嗆我幾時開始這麼關心他了。我聽完妳說的話之後，就立刻請他去接受心理諮商，但他拒絕了。唉，我覺得自己的人生彷彿消失了好幾年，就像喪失記憶的患者一樣，什麼都想不起來。直到某天突然回過神來，才發現不知何時長大的兒子正在對我發火。」

如果一個人長期臥病在床，家人只會覺得他很辛苦，並不會批判他；但罹患憂鬱症的人卻會受到猛烈批評，被認為沒盡到家人職責。可是，憂鬱症患者明明也是因為生病才臥床不起的，只不過他們是心裡生病。她口中的「消失好幾年」，或許精準描述了受憂鬱症所苦的人所面臨的狀況。

身為藥師的她，從來不曾在人前焦慮、慌張。她端莊賢淑且十分果敢，若身邊的人因健康問題陷入困境，她總會主動站出來解決，我也曾是受過她幫助的其中一人。

很久以前，我曾跟她與一群朋友，一起帶著孩子展開兩天一夜的小旅行。當時我兒子三歲，半夜突然發燒且哭個不停，我不知為何找不到事先準備好的緊急用藥，慌張得坐立難安。正在思考是否去醫院掛急診時，沒想到她拿著一個有如文件一般大小的箱子過來，裡頭有體溫計、OK繃、繃帶等各式醫藥品，甚至還有她親自調配的藥。

這位朋友看了看孩子的狀況後，認為可能是消化不良或感冒引起，而後者的機率較大，所以就給了我一些藥（這是在法律明文規定醫藥分業以前的事情）。她冷靜地讓孩子使用退熱栓劑並服用感冒糖漿，同時不停地搧動孩子的衣領，避免他過熱或過冷，臨危不亂地調整孩子的體溫。那副模樣，就像聽著古典樂整理庭園一樣平靜，孩子很快地安穩入睡了。

那天晚上，包括我在內的所有朋友都對她抱以感恩又讚歎的目光，往後也常常有這樣令人讚賞的事情。多虧她總是能及早調劑合適的藥物，她的孩子與家人除了不得不拔牙的情況外，幾乎沒進醫院報到過。她會在合適的時間點，提供控制血壓、保護眼睛、提升免疫力的藥物，家人都稱讚她是家中不可或缺的人物，是社區的孝女、孝婦。她甚至連自己的健康也維持得很好，過去曾在健康檢查時，被醫師說疑似肝功能低下，三個月後須複檢；於是她開始採取飲食療法、運動療法，整合自己掌握的所有知識加上自行調配的處方，三個月後便恢復正常。

不過，像她這樣精明幹練的人，在憂鬱症面前也是束手無策。即使面對最親近的朋友，也無法說出心事，就連母親的告別式她也沒告訴任何人，憂鬱症的症狀日漸嚴重。後來我才知道，她罹患憂鬱症的原因是她認為自己身為藥師，卻無法守護母親的健康而產生深深的罪惡感。雖然我能舉出十幾個理由告訴她不須為此自責，但當時根本聯絡不上她。

我只能透過朋友多次向她轉達「如果只靠藥物治療沒效果，那就去接受心理諮商吧！」也推薦她住家附近值得信賴的心理諮商師給她。

幾年之後，我偶然在朋友父親的告別式上遇見她，她說那是一段「人生消失的時間」。曾經如此聰穎敦厚的她、曾經每天都忙得不可開交而嫌一天二十四小時不夠用的她，因為意外罹患憂鬱症而失去了人生中好幾年的時光；諷刺的是，這或許是因為藥師這個職業所致。

她第一次意識到自己罹患憂鬱症時，一如既往地運用自己所有的知識，開始接受最頂級的藥物治療。不過她不知道除了服藥以外，還必須安撫自己的心。母親的生病與死亡，帶給她椎心刺骨的痛，明明不是自己的錯卻產生深深的罪惡感。當時固然沒有任何餘力為自己做點什麼，但也不該放任這樣的情緒拖了這麼多年。她說，如果自己能成為心靈藥師的話不知該有多好。

我們都必須成為「心靈藥師」。如同生病初期，盡快取得藥師的處方就不會有太大的問題一樣，成為心靈藥師後，感覺內心開始崩潰時，也能夠及早介入。藥師無法治療所有疾病，成為心靈藥師也無法解決所有心理問題，不過至少我們能防止心裡的包袱越積越多。只要做到這點，就能夠防止我們人生中的某個時期徹底消失。所以，成為心靈藥師並不是選擇，而是每個渴望幸福的人都必須做的事。

目錄
Contents

✚ Chapter 2 爲自己調配治癒壞心情的解方 068

✚ Chapter 3 每天都可服用的幸福處方箋 136

Chapter 1

你已經是心靈藥師了

心靈藥師秉持著「自己的幸福由自己調配」的信念，
每天一點一點地製造幸福。
雖然有時太沉重的情緒會壓過調配出的少許劑量，
但藥師依然確實地做著自己該做的事。
不同於一般藥師從藥局的層架取下藥品，
心靈藥師是從自己的大腦中取出藥品。

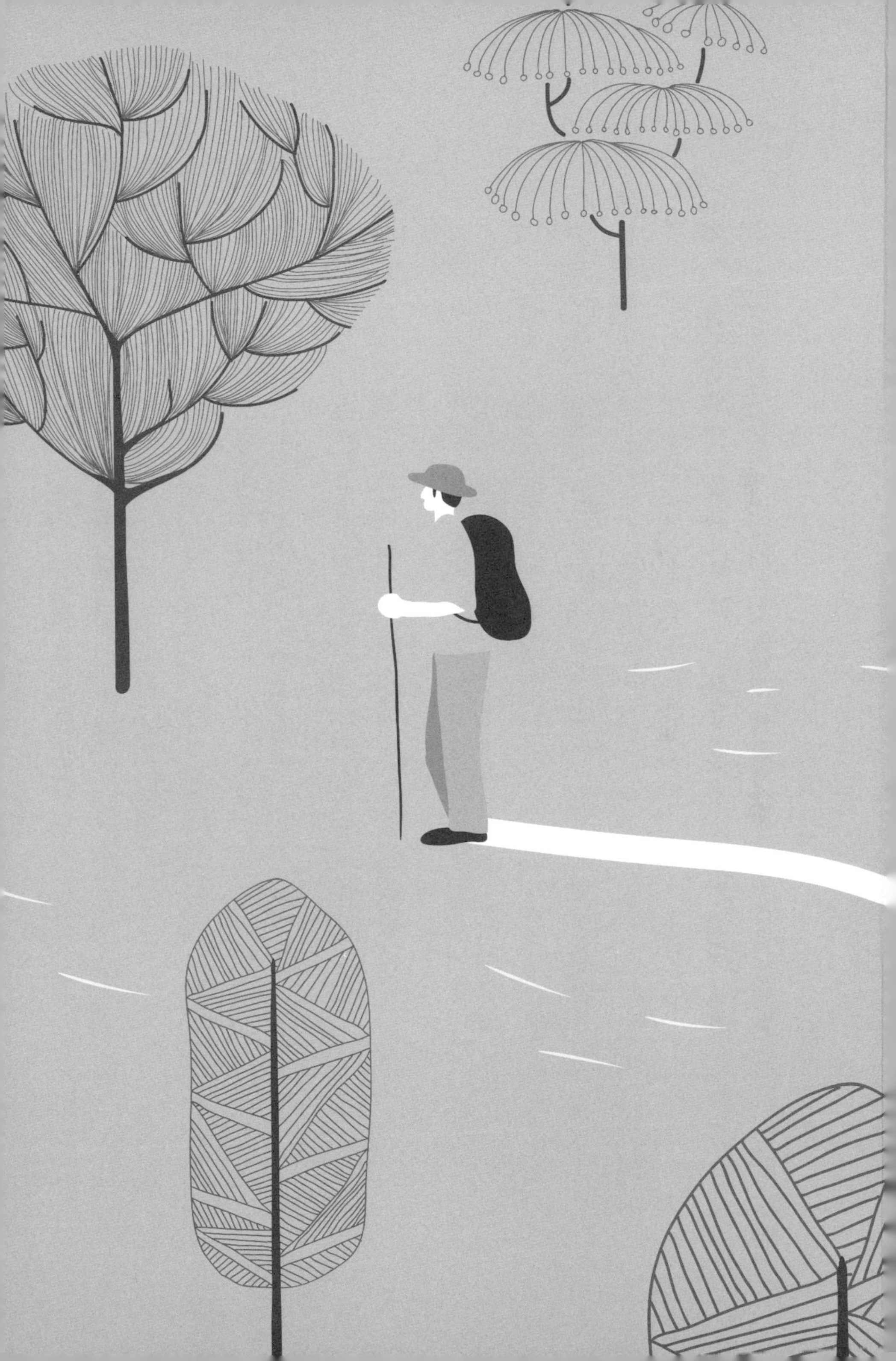

我們的大腦裡有間藥局

美國精神科醫師詹姆斯・博格（James Borg）在《心的力量》（*Mind Power*，暫譯）這本書提到：「大腦就像藥局，二十四小時調劑著藥品。」我們的腦袋裡竟然有一間藥局？這真是個天大的好消息，因為這表示只要情況不是太嚴重，就能隨時自我治療。事實上，我們是擁有一間藥局的富翁。

一個人只要荷包滿滿、內心踏實，無論做什麼都能感到愉快且怡然自得。既然內心的資源已經充足，那麼只須好好運用大腦中的藥局，就能成為傑出的心靈藥師了；但是，為什麼我們的大腦不停地調製藥品，卻仍然會罹患憂鬱症呢？

打個比方，我們可以說這是因為「某種藥」用完了。這裡說的「藥」，就是神經傳導物質，例如一旦缺乏「血清素」這種神經傳導物質，就會導致憂鬱症。所謂的抗憂鬱劑，就是增加這種物質濃度的藥物；也就是說，你大腦裡的藥局因為缺乏必要的藥物，必須接受來自外界的調劑，也就是服用憂鬱症藥物。

不過，接受外界的調劑既花時間也花錢，更會令人身心俱疲，遇到天氣不好或出意外等狀況，更有無法及時取得協助的風險。如果藥局提供不適合的藥，還可能會產生副作用，例如口渴、思考力低下、手腳發抖、體重上升、性慾低下、情緒低落等等，可能的症狀非常多。所以我們不能只靠外界的調劑，還必須尋求自救的方法。

這就是心靈藥師要做的事。簡單來說，心靈藥師必須懂得如何靠自己調配珍貴的藥品。既然大腦就像藥局，那麼只要對大腦下命令，就能輕鬆調劑藥物了嗎？其實不然，即使我們對大腦下達「分泌血清素」的命令，大腦仍會無動於衷。不，更準確地說，應該是大腦被設定成忽視這樣的命令，就好像我們即使命令心臟「立刻停下」，心臟也不會聽話一樣。

在完全理解主人所下的命令有什麼意義之前，大腦必須過濾可能會危害到主人的命令，所以大腦不會單方面接收命令。然而，我們能夠迂迴地下達命令；也就是說，雖然無法直接對大腦下令，卻有間接介入大腦的方法。

那就是依靠我們的「想法」。大腦雖然聽不懂「分泌血清素」這樣直接的命令，卻會因為「安心」、「幸好」這類正面想法而立即分泌血清素。

這讓我想到羅馬時代的吟遊詩人。一位吟遊詩人途經陌生城鎮，假扮成受邀賓客前往富人家中參加婚禮，朗誦一首詩祝賀新人並吃得酒足飯飽。同行的朋友問他是怎麼知道那戶人家在舉辦婚禮，詩人回答：「我一定要親耳聽說嗎？這裡有許多馬、牛和豬，侍從們也不斷搬水進去，村子裡的人都帶著喜悅的表情往門內偷看，這肯定就是在舉辦宴會對吧？」

無論是否親耳聽說何處在舉辦宴席、無論詩人是否真的受邀，那都不重要；只要認定一戶人家正在舉辦宴席，並假裝自己是詩人混入其中，剩下的事情就是把自己餵飽而已。大腦就是這麼運作的。

借用詹姆斯・博格的話，我們可以用更科學的方式來理解這個故事。他主張，我們的所有想法和隨之而來的情緒，都會釋放化學物質，這些化學物質會隨著血液在體內循環。

大腦「藥局」的指揮中心，會以內在思考或外界情況為基礎，判斷究竟要分泌那些化學物質。因此，一旦將負面思考轉變為正面思考時，邊緣系統的反應也會跟著改變。博格在《心的力量》當中提及的內容，可以整理成以下公式：

- 好想法能帶來好情緒
- 有了好情緒便能釋放好的化學物質
- 有了好的化學物質便能使心情變好

好的化學物質包括血清素、催產素、多巴胺、正腎上腺素、腦內啡等，目前共發現超過三十種神經傳導物質與荷爾蒙屬於這一類。不過為了讓讀者更容易理解，我們就以血清素來概括解釋。

其實血清素可以看成是所有神經傳導物質與荷爾蒙的隊長。生物醫學博士凱洛・哈特（Carol Hart）在《血清素的祕密》（*Secrets of Serotonin*，暫譯）一書中提到：「血清素是我們控制心情、食慾、睡眠、疼痛的核心關鍵。血清素系統是大腦中最大的單一系統，負責控制、調整所有神經傳導物質。」

好想法促使好物質分泌，壞想法促使壞物質分泌，我們可以試著將此特點與日常生活連結。當有人忽視你說的話，讓你產生「竟敢忽視我」的想法時，心情自然會不好，壞的壓力荷爾蒙便會分泌並使血清素降低；但這時若能振作精神，改以「那個人可能遇到什麼不好的事」來看待當下的情況，心情便會穩定下來，大腦也會立刻分泌好的血清素。

如果以這個公式來看待世界，心靈藥師要做的事情，就是盡量保持正面想法。如此一來，便能輕鬆促進血清素分泌，不須從外界攝取。

關注如何減輕憂鬱症問題的人，肯定都聽過「正面思考」的重要性，但或許有人並不清楚人為什麼非要這麼做不可。其實，原因就如前所述，是因為正面思考能夠立即讓大腦分泌好的化學物質。

✚ 心靈藥師要做的事情，就是盡量保持正面想法，以便能輕鬆促進血清素分泌。

朋友、甚至是家人，都是「別人」

我認為成為心靈藥師，在現代社會中的重要性僅次於討生活。《一切都搞砸了》（*Everything Is F*cked*，暫譯）一書的作者馬克．曼森（Mark Manson），在「進步的悖論」這個篇章中，反駁了知識分子們主張「因為人活得比以前更久、也創造了更多財富，所以此刻的世界比以往任何一個時刻還要好」的見解。他以近二十年來美國罹患憂鬱症與焦慮症的成年人持續增加，以及受憂鬱症所苦的年齡逐漸降低的統計數據作為反駁依據。

此外，有將近一半的美國人認為自己的人生充滿疏離、孤立與孤獨。在一九八〇年代進行的一項問卷調查中，有一題問到：「過去六個月內，你曾跟多少人商量自己人生中的重要問題？」當時多數人的回答是「三人」；但到了二〇〇六年同樣一份問卷調查中，「零人」是最多人回覆的答案，這也成了馬克．曼森反駁的具體依據。他認為從基本面來看，我們的確是生活在歷史上最安全、最繁榮時代的人類，但我們卻比以往任何時刻的人們還要絕望，而這就稱為「進步的悖論」。

進步的悖論在韓國也適用。即使現在韓國經濟力已擠入全球前十名，但在兒少不幸指數、青年自殺率、老人自殺率上，也連續幾年排名全球前段班。姑且不看統計數據，回答這份問卷時，你的答案會是幾個人呢？你能夠立刻想出一個可以毫無保留與他討論煩惱的人嗎？或許，「零人」的答案依舊占多數。

人們一直以來都將這種情況稱為「失去人性的嚴重問題」，建議「相互配合、理解、退讓、同理、分享」。然而，在我從事心理諮商的工作時，卻覺得這些其實都是空談。重複這些虛有其表的話有什麼用？真正困難的是放下成見去執行。如果個案有能夠相互交流的人，一開始又何必來諮商呢？是因為個案太貪心嗎？是因為不易感覺到他人的同理心嗎？還是說，個案的家人或親戚都冷漠無情又自私而無法同理他人呢？

真正的問題是，每個來諮商的人，心靈都很空虛，這與沒人情味、漠不關心是不同層次的議題。他們與身邊的人缺乏溝通，原因包含著複雜的社會文化因素，難以當成個人問題來看待。現在即使聽到他人說自己很憂鬱，我們也沒有餘力去安慰對方，最終只能說出「去醫院吧，吃個藥看會不會好一點」這類的話而已。

我有個高中同學總把「我們想活在這個世界上，一定要有醫師、律師、牧師這三種朋友」這句話掛在嘴上。她說，在生病、遇到困難與死亡時，如果能有這三種朋友，人生就會過得輕鬆一點；甚至還指名在場的朋友，以「你是醫師、你是律師、你是牧師」這種點名方式分配未來職業。

我們問她：「妳去當醫師或律師就好啦，為什麼要叫我們去當？那妳自己要做什麼？」她回答：「我要玩。律師跟醫師那麼難考，我怎麼可能做得到？我要當有錢人，成為有錢人就可以用高價請你們服務。」接著兩名朋友同時拍了她的背，其中一人很冷靜地說：「不用等妳說我也會當上醫師，以後一定要用高價聘請我喔。」

歲月流逝，當天在場的朋友中，只有一人成了律師，而那名朋友也真的成為有錢人。然而她沒有變成超級富豪，只是能以合理價格聘請專家的有錢人，而且多年後當她要打離婚官司時，還是經由他人介紹，請了一名素未謀面但聽說非常厲害的律師協助。沒請律師朋友幫忙，原因是「不想讓朋友看見我藏汙納垢的人生，太傷自尊了」。

訴訟過程中，律師讓她發現丈夫的問題比原本所知的更多，而律師委任費用也漲到原本的三倍之多。不過比錢更讓她痛苦的，其實是律師的態度。在諮詢離婚官司時，這名律師像親妹妹一樣無微不至地安慰她，甚至保證絕對能打贏這起官司。沒想到進入訴訟程序時，因為得知丈夫針對太太提出的部分疏失屬實後，律師的態度驟變，甚至還對這位朋友發脾氣。雖然幾年後順利離婚了，但朋友內心所受的煎熬實在非同小可。

即使朋友成為專家，卻因為不想讓對方看見自己醜陋的一面而無法向朋友求助；而若是想請專家，費用又讓人相當卻步。無論是朋友還是認識的人，我們都難以透過別人來讓自己的人生更輕鬆。這證明「進步的悖論」深深影響著這個時代，在這種情況下，就連家人也可能是「別人」。

所以我們必須做好準備，讓自己成為醫師來照顧自己的健康；成為律師來為自己辯護；甚至成為牧師，為自己的死亡做準備。在這些準備工作中，心靈藥師自然是第一要務。因為只要有錢，隨時都能請外界的專家協助，並且能為人生品質帶來顯著的改變。不同於前面提到的那位朋友，我的另一位朋友就在律師的協助下，三個月就解決了纏訟六年的離婚官司；後來，「能用錢解決的事都算小事」這句話，還成了他的口頭禪。

相較下，一旦內心陷入憂鬱時，我們就連「世上最簡單的事」都做不到，因為我們根本沒有餘力。更關鍵的問題是，最了解你內心的專家，其實就是你自己。

✚ 無論是朋友還是認識的人，我們都難以透過別人來讓自己的人生更輕鬆。

面臨心靈上的單身時

　　我曾在一所高級職業學校擔任輔導員的工作，要求接受輔導的學生中，有一位女學生因為經常性缺課而無法跟上課程進度，所以校方在考慮是否讓她轉學。表面上校方想諮詢轉學對這位學生未來發展的適切性，但實際上是學生的憂鬱症導致她生活無法自理，令校方十分頭痛。這位女學生罹患嚴重的憂鬱症，上課時總是趴在桌上，生活方面又非常依賴他人，如果午餐時間沒人邀她一起吃飯，她會索性餓肚子。

　　在教室裡出現一些憂鬱症發作的行為，能夠透過學校輔導室的持續諮商獲得一定的改善；然而，不吃午餐這件事比較急迫，且無法單純透過諮商來處理。假使由老師主動帶她去吃飯，對青春期的孩子來說是一件彆扭的事。我認為她需要朋友的協助，便向教務主任提議，可以暗地指定一位朋友，固定帶她到餐廳吃飯。如果有一位情緒較為穩定的朋友提供協助，那麼這位憂鬱症學生或許就能稍稍獲得喘息。

不過，教務主任的回答卻令我啞口無言。

「我們也想過這個方法，不過實在找不到情緒這麼穩定的孩子。其實大家都有各自的問題，只是這位同學的狀況比較棘手。這位同學有憂鬱症，而其他的孩子則是很叛逆、容易起衝突。我們曾經請看起來情緒較穩定的副班長陪伴這位同學，兩人一起吃了兩天的午餐，結果這位同學卻在上課時獨自離開教室，跑到四樓的窗戶邊坐著；事後問她，她說並不是要自殺。但是，副班長的家長一聽說此事就立刻衝到學校質問我們，如果那位有憂鬱症的同學真的跳下去，陪在她身邊的副班長該怎麼辦？會不會莫名被追究責任，甚至還得為此到警局做筆錄？如果因此留下記錄，導致孩子上不了大學的話誰要負責？最重要的是朋友過世，會給孩子的心理帶來很大的打擊。我們基於家長強烈的反對，就讓這件事告一段落。其實我們很能理解這對父母的心情，現在的孩子真的沒辦法互相幫助。」

沒想到只是一句「一起去吃飯吧」，竟能牽扯出這麼複雜的情況。就算真的基於好意想幫助別人，好像也得先簽署「萬一出了任何意外，本人一概不負責」的聲明書。

高中時期多少還能請父母協助，社會也能以保護未成年人的理由積極要求父母介入。然而一旦離開校園，成年要尋找協助者就會難上加難。

甚至許多人成年後，仍因吃飯問題而承受著巨大壓力。一名現年三十多歲的青年曾說，他只是在午餐時間前暫離五分鐘，同事們便會三三兩兩出去吃飯，經常留下他獨自一人用餐。不知道是否覺得我看他的視線充滿同情，這名青年很快地接著說：

「但在沒人的辦公室邊吃麵、邊聽古典樂，也是挺有情調的。」

也許是以為我把他的這番話當成辯解，他緊接著又補充說：

「不過我還算好的，他們不是故意排擠我，只是因為大家都忙，我不是什麼飯捲男啦。」

「飯捲男？那是什麼？」

「某些上班族在公司被排擠，午餐時只能在廁所吃飯捲。因為害怕被隔間的人聽到自己在吃飯捲的聲音，所以點餐時一定會請店家不要加黃蘿蔔。」

「這是真的嗎？還是編造出來的？」

「這是網路傳聞，但很多人都深有同感。」

居然有那麼多人對這則幽默中帶點悲傷的故事深有同感，當下我相當感慨，卻有預感這種情況並非一時的現象。假使有能夠同理自己、提供安慰的人，個案即使無法立刻敞開心胸，也不至於過度封閉自我。這些人需要也期待維持一段良好關係，但他們卻無法忽視自己的現況，只是使勁地抱持著虛幻的期待。

在人人自危的世界上，我們必須讓自己即便面臨心靈上的單身也可以過得很好。不是獨自吃飯、獨自喝酒，而是必須學會「獨幸」，也就是「獨自幸福生活」的方法。我們可以這樣想：一個人可以很幸福，跟別人在一起「也能」很幸福，是「也能」而不是「更加」。先學會獨幸，往後與別人共度的人生才能更加豐盛。

✚ 在人人自危的世界上，必須讓自己即便面臨心靈上的單身也可以過得很好。

改變思考的方向

在本章第一篇中，我們看到了思考的重要性，那麼究竟該如何「思考」呢？

其實我們無法一一「思考」自己在想什麼、現在是否抱持正面想法，因為思考的速度實在太快了。最重要的是，如果每分每秒都要掌握並分類想法，那無論大腦會不會分泌好物質，我們都會先窒息而亡。

呼吸、消化食物、躲開天外飛來的球、不知不覺地回到家等與安全有關的本能行為及下意識想法，都與我們的意志無關，身體會自行動作。因此在一般狀況下，我們應該要自動地、一如既往地過生活，而且也必須這麼做。

這部分對強迫症患者尤為重要。強迫症患者會確認每一個想法，並對每個想法做出反應，但他們最終會發現，要把如光速一般閃逝的想法全部抓住，幾乎是不可能的事。這麼做只會讓人過度投入幾個被抓住的想法，隨之而來的折磨超越一般人的想像。

即便想法難以掌握仍要「好好思考」的意思，並不是要去探討那些下意識的、本能的想法，而是必須「有意識地」關注個人思考的時刻。

也就是情緒上特別痛苦的時刻。當你感覺情緒正在消耗自我時，必然會產生負面想法，而也正是這個時候，我們必須有意識地介入思考。

介入思考最重要的一點就是改變思考的方向，詳細的思考內容則是其次。改變思考方向乍聽之下很複雜，但其實比想像中容易許多，因為思考的方向從一開始就只有三種：「正面」、「負面」、「中立」。當然還可以再細分為「矛盾」與「其他」（不清楚的模糊想法等），不過主要還是這三種。

先問問你，所謂改變思考的方向，是將正面思考轉換成負面思考，還是將負面思考轉變成正面思考呢？答案很明顯，而且很簡單，但我們還是來看個例子吧！

改變思考的方向

1 你認為現在折磨你的是什麼情緒？（例：生氣）

2 糾纏在情緒上的想法是什麼？（例：上司居然那樣說我，那個瘋子！↓分泌壓力荷爾蒙）

3 這個想法是負面還是正面？（例：百分之百負面）

4 現在改變一下方向，有兩個方法：

a 將思考轉變成中立的（例：上司居然那樣說我……沒錯，所以呢？↓分泌血清素）

b 將思考轉變成正面的（例：上司居然那樣說我……但好在錯誤被立即糾正，不然差點就要在下星期的主管會議上出糗了↓分泌血清素）

「瘋子！」這個強烈的情緒反應會使人分泌壓力荷爾蒙，但用「所以呢？」這個中立的回應或樂觀態度來面對，就會分泌好的荷爾蒙。重點在於不以正面樂觀的方式看待也沒關係，只要讓思考保持中立，大腦就會大方地分泌血清素。所以，如果覺得正面看待上司會傷害你的自尊，那至少把思考方向導向中立。這不只是自尊的問題，更是與生命息息相關的課題；因為憂鬱症加重會掏空我們所有的精力，讓人生出現好幾年的空白，甚至出現想放棄生命的情況，絕非誇大。

再次強調，重點在於思考的方向，思考內容只要配合各自的狀況調整就好。不可能所有人都像我上面舉的例子一樣，能輕易地結束整件事情；我們只需在乎，如何讓心情穩定下來。談到生命，多少讓人感到沉重，不過這件事其實比想像中更有趣——無論你用什麼方式將思考調整成正向，那都只有你自己知道，有些想法甚至會成為一輩子的祕密陪你入土。無論你的想法是討人厭的、不經修飾的還是露骨的都無所謂，沒人會知道。

一位朋友每每看到職場上動輒挑剔別人的上司，就會想到猩猩拍打胸脯的畫面，於是他把上司想成「粗魯的猩猩正在吼叫」，便很容易忘記心情不好的感受。不過，副作用是每次總會忍不住笑出來。

另一位朋友則是每當下屬聽不進意見時，就會想到企鵝搖搖擺擺走著，嘴裡一邊說著「我不聽、我不聽」的畫面。這能迅速讓他原本的壞心情好轉，但副作用同樣是會發笑，使他無法建立自己的威信。

但這點副作用根本沒什麼，畢竟保護自己最珍貴的心避免受傷，才是我們最需要費心的事。當你今晚躺在床上，回想一整天所發生的事情時，覺得最棒的肯定是能保住自己的性命與心靈健康這件事。能夠從無數想法與眾多蔑視感之中保護自己的心，你就是真正的勝利者。升遷速度比較慢又怎樣？年薪沒調高又怎樣？只要能夠守護自己的身心健康，就能獲得無數次的機會。

產生負面思考時，應該試著調整成正面思考。不過，我們必須了解到，如果能一開始就以中立的態度看待「上司對我說的話」，便能減少改變思考方向所消耗的能量。這是因為，跟正面思考相比，讓思考保持中立的可能性比較高。作為上司，本來就有評價你的權力，況且每個人都有言論自由，這麼一想，就能充分地以中立態度來接受對方說的話。

接著你只需選擇改變或忽視對方就好，不需要從一開始就以負面態度看待這些事。無論別人說什麼、轉過頭來想對你說什麼，都應該先看看自己的情緒是否瞬間燃燒起來，並隨時練習以中立態度接納這一切。

若你感到憂鬱或焦慮，就必須讓身體習慣於把思考調整成正向的方法。我不是要你一直這麼做，這是不可能的，因為我們不是山中修道者；而是說，當某些情緒在消耗你的時候，一定要有意識且盡快地嘗試這些訓練，必須趕在壓力荷爾蒙占領你的身體之前去改變思考方向，這樣你才能活下去。先活下去，才能改變自己讓別人不批評你，或是讓對方改變；再不然就是乾脆不看不聽，找出合適的方法來幫助自己也行。

✚ 當你感覺情緒正在消耗自我時，就必須有意識地介入思考。

如果想更快速地修正思考的錯誤

只要留心思考的方向，血清素就能不停地順利分泌。但是，即使有這麼強大的力量，我們的大腦仍然不會「好好」使用。

在心理治療中，「認知治療」之所以會有不錯的效果，根本原因就在於改變思考的方向。其實不只認知治療，所有心理治療都能使個案安心，一旦進入「安心」的狀態，就能分泌血清素。認知治療的核心目標，就是修正思考的錯誤，讓個案離開諮商室後能夠維持安心的狀態。

接受專家的協助，就能以更快、更根本的方式改變想法。事實上，只要接受一次協助，就能改變思考的大方向，這樣恢復速度就會快上許多。人們經常對心理治療花費太多時間感到不滿，但以我的經驗來看，更多情形只需要短期諮商，不少人甚至只做一、兩次就結束了。

曾有一位主修鋼琴的研究生來諮商，她雖然生活不寬裕，卻憑藉個人實力考取音樂學院。她認為要邁向下一階段，入選音樂大賽是唯一機會，於是她夜以繼日地練習，但進度卻不如預期，這讓她感到疲憊不堪且憂鬱不已。我問她這種時候都怎麼做？她說會大力拍打鍵盤，或是用力把琴蓋闔上，再跑到練習室大樓的屋頂上大哭——真的是嚎啕大哭的那種。

我問她：「大哭之後，會覺得心裡舒坦許多嗎？除了哭之外，有沒有嘗試過其他方法？」結果她說：「不是只有我這樣，我身邊的人都這麼做。」

「身邊的人都這麼做，所以妳也不知道怎樣才是正確的方法。要不要尋找其他適合自己的方式呢？嚎啕大哭雖然能抒發一時的情緒，但也可能會讓自己更難過。一百年前有位知名的心理學家說過，人不是因為難過而哭，是因為哭才難過。」

這位研究生開始思考這個問題，很快地她多方尋找抒發壓力的健康方式，最重要的是，她試著把鋼琴練習不順時自動產生的壞想法抓出來，並以樂觀正面的角度重新審視。她的理解速度很快，並且能夠接納治療需要的各種觀點，因而諮商進展也跟著快起來。她為了解決自己的憂鬱症做了許多努力，她本人也意識到這點。

「對，雖然我會漏掉某些部分，但我還算努力。我每晚都會到學校運動場跑步，會注意運動跟飲食，也有按時服藥。」

「妳做得很好。每晚跑步比不跑來得好，但如果想減緩憂鬱症，應該在早上或白天去跑。曬太陽對治療憂鬱症來說非常重要，但晚上沒有太陽，不是嗎？調整一下練琴時間，和運動時間對調，應該可以恢復得更快。」

她這一趟回去後就沒再來諮商了。後來我聽說，唯有早上跑步這件事她從沒忘記，一年後則聽到她入選音樂大賽的好消息。

我們經常都認為自己已經盡力，以為自己完美地掌握一切，事實是總會有漏洞。有時你或許會發現，你曾經認為正確的事並不完全正確，也可能會發現自己必須調整的生活習慣。

與專家對談能更快地發現這些漏洞，也更容易找到填補的方法。所以，一旦覺得自己能力不足時，千萬別猶豫，請立刻求助專家或醫院。如果無法在一開始求助的地方找到較好的解決方式，也可以多打聽其他合適的機構。

尤其是當你的狀況如果符合「問題非常嚴重、問題持續很長一段時間、產生自殺衝動、感到非常混亂、一天有多次情緒起伏」等情況，就千萬別嘗試獨自解決問題，務必接受專業治療。

✚ 所有心理治療都能使人安心，大腦一旦進入「安心」的狀態，就能分泌血清素。

自己一個人也能做到

如果不是上一篇文末提到的狀況，那你就能照顧好自己的內心，畢竟早期的介入本來就只能靠自己。這裡說「可以靠自己做到」，不是為了讓讀者們感覺比較好過，而是因為這是認知治療創始人的主張。

大衛．伯恩斯（David D. Burns）博士是認知行為治療領域相當著名的權威，其著作《伯恩斯新情緒療法》一書在一九八〇年首度出版後，旋即成為暢銷書，廣泛地被美國醫師用於憂鬱症治療上。書中收錄了認知行為治療之父亞倫．貝克（Aaron T. Beck）的推薦文，其中提到：「正經歷嚴重情緒問題的人，會需要精神治療專家的協助；而問題較輕微的人，使用伯恩斯博士開發的這種處理方法更有助益。本書對有意進行自我治療的人來說，會是相當實用的階段式指南。」伯恩斯也在這本書中，介紹了阿拉巴馬大學醫學中心的福雷斯特．斯科金（Forrest Scogin）博士團隊以他開發的方法所進行的研究。

在這份研究中，團隊將六十名憂鬱症患者分為兩群，告訴患者若想跟醫師對談必須等上四星期。同時，將《伯恩斯新情緒療法》一書發給其中一組，並建議這組患者與醫師見面前，最少能讀一次這本書；另一組患者則沒有拿到書。

研究團隊每星期撥打電話給患者，測量其憂鬱症數值的變化，結果令人十分驚訝。四週後，閱讀《伯恩斯新情緒療法》的患者中，有三分之二的人在沒服用任何藥物、沒接受任何心理治療的情況下，憂鬱症數值出現顯著的下降或完全康復；而沒閱讀《伯恩斯新情緒療法》的患者，數值則沒有任何變化。

研究團隊接著將書分給之前沒拿到的那組患者，並給他們四星期的時間閱讀這本書。結果，他們當中同樣有三分之二的人恢復，且再也不需要治療了；此外，讀完書後病況好轉的患者病情也變得穩定，過了三年也沒復發。

以此研究為依據，伯恩斯做出結論，「《伯恩斯新情緒療法》讀書療法必須是憂鬱症患者的第一本處方書，」他說：「我在《伯恩斯新情緒療法》中介紹的療法稱為認知行為療法，也就是幫助患者學會改變因自己失敗的行為，進而引發憂鬱症的負面想法或認知。」他也強調，這套療法經濟實惠，沒有體重增加、失眠、性功能障礙、成癮等服用藥物時常見的副作用。

伯恩斯這番話距今已四十年，雖然媒體不斷強調他所說的話，但我們始終沒被說服——也許有點心動，卻沒能徹底實踐這套做法。或許最經典的教科書早已問世，只是這四十年來，人們只有翻閱這本書的前幾頁而已，這究竟是為什麼呢？

最大的原因在於真實與實際執行是有落差的。我們都知道不要抽菸、運動對身體好，但實際這麼做的人通常不是我們自己。於是，提高執行力的書紛紛問世，人們看著這些書總想著：這本難道會提出更有效的方法嗎？我們只能持續嘗試，所以可試著用最簡單的方式，把自己能做到的事寫下來。

如果執行不順利，一個原因可能是執行起來太困難，另一個原因則是無法快速見效。

執行困難是很具說服力的常見理由。要像伯恩斯書中提到的阿拉巴馬大學研究那樣，讓所有患者主動讀書、進行讀書治療並非易事。

大多數憂鬱症患者缺乏閱讀的精力，也缺乏理解和組織內容的認知資源，以及執行閱讀內容的意願。認知資源不足並不代表智能不足，而是在憂鬱的狀態中大腦功能下降所致。所以諮商師們總在顧及患者的一般情況下，煞費苦心地思考難度適中且能鼓勵患者意志的執行方式。

沒能快速看到執行效果，也會使自我治療變得困難。雖然提醒自己要保持樂觀思考，但心情好轉的幅度卻不如預期。例如想正面看待父母過世，但想要安撫的悲傷強度卻沒有顯著下降，這麼一來便會感覺不到正面思考帶來的好處。

不過我們必須記得，即使幅度很小，只要稍微改變方向，人生就會有巨大的改變。伯恩斯在書中曾說過，如果輕看小小的變化而選擇不做任何處理，放任自己習慣性地向下挖掘，不知不覺會成為一個水坑，許其實，哪有病人在接受治療後就能立即見效呢？除了止痛藥以外，很少有藥能讓身體即刻感覺到巨大的改變。縱然無法立竿見影，我們仍舊持續服藥的原因，就在於即使無法立刻改變，但我們「相信」身體正在發生好的變化，並可藉由幾個月後的血液檢查確信其改變。同樣地，即使正面思考看似無法在短時間內讓你好轉，你還是「必須相信」它肯定能帶來好的改變；而這份相信，絕對不只是信賴，更會在大腦中促成實際的變化。

想法改變，大腦便會跟著改變。

✚ 我們必須記得，即使幅度很小，只要稍微改變方向，人生就會有巨大的改變。

心靈藥師必須做的事

《補腦全書》的作者丹尼爾・亞門（Daniel G. Amen）是一位精神科醫師，同時也是大腦影像專家、亞門診所的執行長。亞門診所保存了許多與人類行為有關的大腦影像資料，藏量居全球之冠，例如阿茲海默症患者與憂鬱症患者的大腦影像，以及接受治療後好轉的大腦影像資料等等。我們甚至可以說，地球上最了解人類大腦發生什麼事的人就是亞門醫師。

他親眼見過的「腦內世界」十分可靠，以至於讓他信誓旦旦地說出：「想跟我女兒交往，就要接受大腦斷層掃描，證明是否有此資格，這不是開玩笑。」我想，他或許想藉由候選女婿的大腦掃描影像，確認對方是否為穩重之人。這名專家二十年來掃描、分析過無數活人的大腦影像，而他也證實，引導想法、情緒與行為改變的心理治療方式，確實有助於提升大腦的功能。

在這本著作中他舉了加拿大、瑞典等地執行的研究結果佐證，表示實施認知治療的組別，症狀改善程度與服用抗憂鬱劑藥物組別相同；從大腦掃描影像也能看出好轉的跡象。曾有一群蜘蛛恐懼症的患者接受了認知治療，後來從大腦掃描的影像中，看到大腦負責恐懼的領域的確變得較為平靜，這在在落實了「改變想法就能改變大腦」這句話。他也說過：「解決憂鬱症的方法很簡單，那就是刻意讓自己保持正向思考。」正向思考就是正面思考的意思，於此不再多做說明。

透過腦科學研究，我們更加確信，人們可以成為心靈藥師，為自己調配幸福處方。

心靈藥局每天二十四小時不打烊，主人卻不知道這件事，只是拚命向外尋求幸福。心靈藥師秉持著「自己的幸福由自己調配」的信念，每天一點一點地製造幸福。雖然有時太沉重的情緒會壓過調配出的少許劑量，但藥師依然確實地做著自己該做的事。不同於一般藥師從藥局的層架取下藥品，心靈藥師是從自己的大腦中取出藥品。

憂鬱時，就嘗試自己知道的所有方法吧！一切都會帶來效果的。這些方法或多或少可以減緩憂鬱症，不過一定要做後續處理，因為你第一時間選擇的方法，很可能只能處理三小時、三天或三星期的悲傷。不曉得這樣比喻是否恰當，這就好比我們固然可以用這些處理短暫悲傷的方法，將家中的積水清除，不過如果屋頂繼續漏水、外面持續下雨的話，終究會達到極限。我們應該藉由修繕和維護讓屋頂不再漏水——讓大腦這個身體的屋頂能維持樂觀的狀態，才是理想的方式。

看病時拿到的藥袋，上頭會標註「飯後三十分鐘內服用」的用藥指示，有些不知變通的人會問，那飯後十分鐘服用可以嗎？或是擔心沒胃口吃不下飯時，該如何飯後服藥。其實，只要按照指示服藥，就能讓藥效發揮最大的作用。

如果你感到憂鬱，請記得「先樂觀思考三十分鐘」這句話。先以樂觀思考武裝自己，然後再去吃東西、出門，或者跟朋友見面。服用「樂觀思考」這一劑藥方，就是憂鬱症患者務必遵守的指示。

✚

透過腦科學研究，我們確信人們可以成為心靈藥師，為自己調配幸福處方。

斬斷惡性循環的思考迴圈

讓我們再來複習一次，心靈藥師絕對要記住的事：負面想法會衍生負面情緒，感受到負面情緒就會分泌壓力荷爾蒙，陷入心情越來越差的惡性循環中。不過，無論再怎麼強調，仍有許多個案離開諮商室便會忘記，所以我決定採用圖像記憶法，幫助大家將其銘記在心。我選擇我們從小經常接觸的天使圖像，當作圖像記憶的素材。

圖像中的天使穿著白衣，背上有一對翅膀，頭頂有光環。我認為我們的頭上也有類似的光環，只是我們自己看不見，而且與天使光環的性質也不同。天使的光環是靈氣，也可說是靈光，讓人感到神祕與慈愛；我們的光環似乎更接近枷鎖，像是一個把想法困住的莫比烏斯帶，是個無限循環的迴圈。我想將這個枷鎖稱為「思考環」，希望讀者也能假設自己的頭上有一個思考環。

一個負面思考會帶來第二個負面思考，進而再一次引發負面情緒，它只會單向前進不會回頭。這個運作機制，就像光線往單一方向快速前進的電環，如果想擺脫憂鬱，就必須勇敢在環上的某一點停下來，問自己：「這個想法真的是對的嗎？有可能換個角度思考嗎？這種情況下，有比較正面的想法嗎？」我們必須阻止想法繼續往下走，並改變其發展的方向。

舉一個比較誇張的例子，最好可以把自己當成電影《我的失憶女友》（*50 First Dates*）的女主角，彷彿罹患失憶症一樣，試著從不同角度看待每個想法。而嘗試這個做法的最佳時機，就是早上剛睜開眼的時候，因為這時大腦會暫時呈現一片空白。例如，一早睜開眼，你要做的事不是如昨天那樣瞪著「仇人般」的先生，而是要像對一切都很陌生的失憶症患者一樣，彷彿沒跟先生吵過架，以最純粹的狀態來看待每件事。

一段時間後，假如先生的言行喚醒了昨天讓你心情惡劣的的回憶時，你就可以選擇暫時遠離他或繼續討厭他。我們不要讓自己總是頂著

「老公是個壞人」這個自動循環的思考環，而是應該一有機會就要稍微切斷這個循環，嘗試從新的角度來思考。如果經過上百天的嘗試，依然覺得他還是那個討人厭的老公，那不妨就考慮更換對象吧。

如果嘗試讓思緒脫離地球，飄向宇宙呢？你可以試著禱告說：「雖然我與身旁人們的關係這麼差，但還是感謝讓太陽升起、賜我全新一天的祢。」像這樣就能重新設定思考環，迎接與昨天截然不同的今天。

切斷思考環並嘗試新想法後，大腦會發生什麼事呢？當我們困在自動循環的負面想法中，血清素便沒有機會分泌，甚至連已經分泌的血清素也會跟著立即枯竭；不過一旦轉換為正向思考後，血清素就會在不知不覺間又開始分泌。初始的量可能不會太多，因為大腦一開始會納悶：「主人怎麼突然要我樂觀？是不是失智了？」於是會觀望是否要多分泌血清素。然而，只要投入更多時間、更多機會去嘗試正向思考，大腦就會理解主人的意思，並且開始積極分泌血清素。這麼一來，從憂鬱症中恢復就只是時間的問題而已。

正向思考不只是促進血清素分泌，如同加州大學洛杉磯分校醫學院的腦科學家丹尼爾．席格（Daniel J. Siegel）說的一樣，正向思考能在大腦中創造新的連結。這不是一種比喻，而是正向思考確實能喚醒神經元，幫助神經元彼此連接與結合。

什麼是經常浮現在你腦海中的想法？是悲傷，還是憤怒？深入思考到最後，會發現這些情緒可能不是因他人而起。有時候我們無法解決這些悲傷與憤怒，反而會使大腦漸漸染上悲傷與憤怒的色彩。

試著改變你的思考環吧！最好的方法，就是用「滿足」或「原諒」來切斷思考環的接點。倘若真的做不到，至少可以與令你不快的人保持距離，這樣就能使你陰鬱的大腦開始改變。將負面情緒轉換為正面情緒，讓心情變好，進而改變大腦的結構，就是減緩憂鬱症的第一步。如果這對你來說太費力，也可以暫時借助藥物的力量；但千萬別忘記，要製造血清素的人其實還是你自己。

如果想好好切斷思考環，首先必須了解你經常在想什麼，也必須承認那些想法並不等同於真實的情況。有許多想法是因想像、虛構、錯覺、扭曲而產生的，承認後才能一口氣斬斷這個思考環；如果一直把垃圾當作寶，抱在懷裡怎麼也不肯放手，就不可能有光明的未來。

不過，即便如此也不要責備自己，因為你只是跟其他人一樣，有優點也有缺點，會犯錯、失誤，卻不會因為這樣就失去價值。同樣地，其他人也跟你一樣有優缺點，會犯錯失誤，可能會對你不親切，也可能會忽視你，但這不代表他沒價值或是窮凶惡極的壞蛋。只要能夠接受這個觀點，就能切斷思考環，不再被那些給你壓力的人影響。

我之所以會把想法比喻為「垃圾」，是因為我們的想法中，參雜了許多他人的想法，源於自己的反而較少。「我長得醜」、「我沒能力」、「我老了沒用了」等想法中，有哪些是一開始就存在於我們心中的呢？多數都是透過家人、親戚、朋友、媒體等接觸到之後，再內化成自己的想法。即使當中有些是正面想法，我們也必須好好過濾再接收，更何況是負面想法，更應該經過深思熟慮再下判斷。

意識到自己正在負面思考後，就要把思考環的開關撥往反方向。如果開關一直是往A方向，那麼撥往B方向時才會啟動的功能便不可能活化，因為要讓兩件背道而馳的事同時發生，實在難如登天。想法也是一樣，憂鬱時就把負面思考的開關往反方向撥吧！

由於大腦完全不會休息，它會不斷思考，所以一旦負面思考那條路塞住了，就只能往正面思考的方向走。當負面思考的路被堵住，不受阻礙的大腦就會更快、更準確地開始為你尋找健康、愉快的人生方向。因為這是大腦唯一能做的事情，所以一定要堵住負面思考那條路。

✚ 如果想擺脫憂鬱，就必須勇敢在思考環上的某一點停下來。

識破長期支配自己的謊言

有開關的電器一旦超過負荷而傳來燒焦味或迸出火花，就可能會引發嚴重的意外，所以我們必須在發生問題前，盡快把開關關掉。同樣地，大腦功能若出現問題，我們也必須暫時將負責該功能的開關關閉。

加州大學洛杉磯分校醫學院的精神醫學專家傑佛瑞．史瓦茲（Jeffrey M. Schwartz）在《大腦如何欺騙你》（*You Are Not Your Brain*，暫譯）一書中，提到大腦會說謊。我們必須意識到這點，並想辦法讓大腦為我們工作。大腦為何會說謊呢？

一開始只是因為在你年幼時，大腦必須這麼做才能保護你。曾經幼小脆弱的你，為了活下去與被愛，會全盤接受當時足以左右你命運的父母與世上其他人所說的話。不過，他們的話並不總是正確的，假使是對的，也只適用於當時的情況，放到現在早已變成錯誤資訊，因為現在的你已不再是當年的你。

宏觀來看，我們能從人類進化的歷史中，找到大腦為了保護我們所說的善意謊言。為了生存，我們必須盡快察覺並因應危險，所以大腦會更關注負面的部分，最終進化成讓我們更容易記住負面訊息的狀態。這也是為什麼大多數的人，都比較容易產生負面想法的原因。

這種機制是在外界有許多敵人，例如必須與老虎、猛瑪象等猛獸對抗，以及沒有太多食物的時期所形成的，因此固然適合當時情況，卻不適合現代。假使老虎與猛獁象至今仍存在，我們也會因為憂鬱而在被吃掉前就先被擊垮。也就是說，我們必須知道大腦會說謊是進化而來的，這件事在外界充斥危險時能帶來幫助，但在日常生活中卻只會使我們更痛苦，畢竟緊急機制只能在緊急情況下使用。

況且大腦不僅是只看重負面情況，更會編造出最糟糕的劇本，其力量之大足以動搖我們。

該怎麼讓大腦不說謊，只為你做事？那就是不要無條件相信你的大腦、你的想法，必須時時懷疑，尤其是產生負面想法時更該如此。

所謂的「負面」，在英文中就是「Negative」，典型的例子像是：有人與你立場相左而反對你，就會使你感到悲觀，並會做一些讓我們自己感到不適、沒任何作用的行為。此外，如果某些想法使你出現強迫行為，或陷入嚴重憂鬱症而逃避與人接觸時，那些想法對你而言就是負面的。

在難以治療的患者中，強迫症患者就屬於較為棘手的一群，然而史瓦茲卻在書中提到，他的方法對強迫症患者有驚人療效；他使用的方法是讓患者知道大腦在說謊。他說，強迫障礙是由於大腦的兩個領域，也就是「尋找錯誤的迴路」與「習慣中樞」過度連結所產生的神經性異象。

舉例來說，正是因為大腦的錯誤迴路發出錯誤警告，不斷大喊「細菌！細菌！」才使人為了擺脫恐懼而習慣性洗手。史瓦茲用PET（正子斷層造影）發現，強迫症患者的擔心迴路，即使在休息時也明顯比一般人活躍。他開給患者的處方，就是讓他們能意識到大腦正在發送錯誤訊號，然後藉著將注意力轉移至他處來改變大腦迴路。每當覺得自己必須洗手時，就要提醒自己「這不是我，這是大腦製造出來的假象」，並試著把注意力轉移到散步、整理花園等其他事情上。接受這種大腦訓練法的患者，症狀大多在十星期以內消失；而在強迫、執著狀態下較活躍的大腦右側尾核（Caudate Nucleus），尺寸也明顯縮小。

接受史瓦茲指導的患者，必須找出長期支配自己的謊言，例如「我的人生是三流人生」、「不完美就不會被愛」、「我一直在犯錯」、「人們都在利用自己」、「不好好做事，身邊的人就會遭遇不幸」等謊言訊息，並「停止」這一切。他們也必須不斷地「與自己對話」（Self Talk），告訴自己「這該死的腦袋又出問題了」、「今天是大腦不正常的日子」、「你又開始擔心了」、「精神有點起伏」，讓這些謊言失去力量。

當然，並非所有人都能成功阻止大腦的謊言。史瓦茲自己也承認這點，他說：「事情不會瞬間好轉，你需要練習、練習、再練習，不要嘗試一次對抗所有大腦的謊言。」

那麼，什麼是我們應該優先處理的謊言？只要去想現在最令你痛苦的問題，那你肯定能輕鬆回答。其中，「感受到威脅」也應該屬於優先處理的問題之一。

諾貝爾生理醫學獎得主科學家伊莉莎白・布雷克本（Elizabeth Blackburn）發現，只要端粒變短，生物就會生病並使壽命縮短，此一研究撼動了全球的老化研究。數十年來，她研究了無數個端粒的型態，發現唯有壓力會使端粒快速縮短，而壓力也就是在我們「感受到威脅」時候。當有人拿著刀在你面前意圖殺死你的時候，你自然會感受到威脅；但如果只是因為某人的話語或表情讓你倍感威脅，你就需要確認一下「現在這個情況很危險」的大腦訊號，究竟是真是假，這樣才能防止我們的壽命平白無端地縮短。

✚ 不要無條件相信你的大腦、你的想法，必須時時懷疑，尤其是產生負面想法時。

選擇讓自己獲得幸福

無論是哪一種職業，都有證照考試吧？就讓我們以前面學到的內容為基礎，在這裡做個筆試。筆試的難度為「低」，請不要緊張，每個問題都有提示。

心靈藥師筆試

1 以下何者為是？讓我們感到痛苦的是＿＿＿＿
①某些事情 ②我們對那些事情的情緒

2 雖然無法改變事實，但可以改變對事實的＿＿＿＿

3 改變＿＿＿＿就能改變大腦

4 改變想法，就是改變想法的＿＿＿＿

5 好的想法會帶來好的＿＿＿＿，並分泌好的＿＿＿＿

6 壞的想法會帶來壞的＿＿＿＿，並分泌壞的＿＿＿＿

答案

1 ② 2 想法 3 想法 4 方向

5 情緒（或心情）／化學物質（或神經傳導物質）

6 情緒（或心情）／化學物質（或神經傳導物質）

如果得分是一百分，就表示你有足夠的資格成為心靈藥師。這個測驗沒有及格標準，一定要考到一百分才行。不過，你可以重複測驗，盡量偷看答案，直到讓自己拿到滿分為止。

通過筆試後，接下來要進行更重要的儀式——你必須來個幸福宣誓。因為要能堅持做一件事，最重要的關鍵，就在於你做這件事的意願。宣誓內容如下：

幸福宣誓

1 我選擇讓自己獲得幸福
2 我雖然經歷無數的焦慮與憂鬱，但我選擇盡力讓自己不被打倒
3 為了變幸福，我決定整理自己的想法

希娜・艾因嘉（Sheena Iyengar）從一名失明的印度裔美國人，成為美國哥倫比亞大學心理學教授，她在TED的演講影片點閱數高達五百八十萬次以上。她自幼喪父，青少年時期又因疾病而失去視力，但她說即使面對生活的逆境，她仍「選擇」去看不同的世界。

我們面對發生在自己身上的事件，以及從該事件衍生出的情緒時，經常會抱持著「我也不懂我的心」、「我實在不知該拿我的情緒怎麼辦」的態度，從而無奈地接受一切。其實，我們是有選擇的，即使狀況不好，仍然可以選擇從不同角度思考。我們經歷的困難雖然非常痛苦，但也許不像艾因嘉經歷的多重打擊——所以，即使遭遇痛苦的事，也要盡量「選擇」從不同的角度去思考。

許多克服逆境的人都已經證明，隨著選擇而來的自我實現與自我克服的喜悅，會成為永生難忘的絕佳體驗；反而是一開始不做選擇才會造成問題。因此，現在就宣誓你將會愛自己、會讓自己幸福吧！

韓國偶像團體防彈少年團（BTS）透過〈Love yourself〉這首歌傳達愛自己的訊息，漸漸地也越來越多人將這句話掛在嘴邊。在採訪BTS歌迷的影片中，若是問他們為何喜歡BTS，經常可以聽到人們回答：「他們告訴我們要愛自己的訊息觸動了我，給了我力量。」原本被世界壓得喘不過氣、自尊低落的人，能夠接收到這些愛自己的訊息，過著不看他人臉色的生活。這幾年市面上也開始出現許多書教導大家「活得自私一點」、「現在只為自己而活」，我認為也是反映了這樣的想法。

不過我覺得，我們必須再繼續往前進。人們總說「現在我要愛自己，因為我是最珍貴的人」，這固然很好，因為光是能走到這步，就要花費不少時間了。問題在於，雖然知道自己是非常珍貴的人，但許多人卻還是想透過別人來確認這點，進而二度引發憂鬱症。「我這麼好，為什麼都沒人跟我聯絡？為什麼不給我機會？為什麼我沒禮物？為什麼只有我受到差別待遇？為什麼沒人愛我？」諸如此類的狀況，顯現了人們嘴上說要「Love myself」，最後卻回到「Give me your love」的狀態中。

一名六十多歲的女性每天都會生氣。她的健康沒什麼大問題，生活也還過得去，孩子們都已經成家立業。每次膝蓋痛她就會發怒，家人請她去醫院檢查，她還會不滿地說：「我為什麼要一個人去醫院？孩子們為何都不陪我去？」如果有人要她吃點藥補一補，她同樣會生氣地說：「我為什麼要花我的錢去買那麼貴的藥來吃？別人家都是孩子、媳婦幫忙處理！」因為她認為自己是世上最重要的人，所以更容易因為沒獲得相應的待遇而發脾氣。

如果你不能尊重自己，那麼在心中蠢動的小小憤怒，就可能演變成重度憂鬱，進而淹沒我們的大腦。認為別人不尊重自己、不愛自己的怒氣若無法排解，最後將演變成「我不值得被愛」的憂鬱。其實，那些看似不關心你的人，也許只是比較忙、比較冷漠、比較沒有多餘的時間，甚至有可能正面臨比你更嚴重的情況。

就用自己的錢去醫院、去抓藥來吃、去名店吃美食吧！或許有人會帶你去醫院或花錢買藥為你進補，不過試著「選擇」自己去做這些事吧！當你已經在做這些事，別人又來替你做的話，雖然會有點不好意思，但這樣肯定會感到開心，對吧？相反地，如果一直等著別人來幫忙，最後卻永遠沒為自己做點什麼，豈不是會很後悔嗎？「Love myself」是一句未完成的話，必須修正成「Love myself, By myself!」才算完整。要「自己」愛自己，也要「自己」創造幸福。

同時，更要正確理解「愛你自己」的真諦。這句話的意思，是指愛你這個「人」，而不是愛你的「想法」或「情緒」，因為你的想法與情緒總是會出錯。

我們常說事情不能只看表面，這也提醒我們，你的想法並非完美無瑕。所以，我們必須懂得修正錯誤的想法、大膽放下錯誤的情緒。不過別忘了，即使你的想法有誤，你依然是個有價值的人，「你」並不等同於「你的想法」，這是許多人遺忘的一點。

再一次宣誓吧！

「我選擇讓自己獲得幸福。」

✚ 即使遭遇痛苦的事，也要盡量「選擇」從不同角度去思考。

Chapter 2

爲自己調配治癒壞心情的解方

知道腦中有間藥局，也明白成爲心靈藥師的必要性，
現在只要好好運用心靈藥局就可以了——那就是改變想法。
如果大腦是電器，出錯時關掉開關就好，
可惜我們無法這麼做。
雖然費盡苦心要改變想法一點也不容易，
要在一夜之間改變想法的方向也不簡單，
但是，只要了解讓心靈藥局順利運作的方法，
就能更有自信地爲自己調配幸福處方。

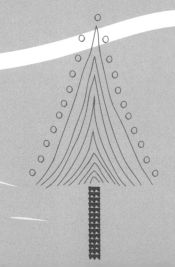

改變負面想法的三欄法

有益於經營心靈藥局的方法中，首先要介紹的是「三欄法」。我以認知治療專家大衛・伯恩斯的方法為基礎，稍微更換幾個用詞，讓讀者更容易理解與使用，其中「自我對話」是本書新增的內容。

這個技巧的關鍵，在於把自己的想法寫在畫成三欄的表格中，詢問自己這個想法「是真的嗎」之後，再轉往樂觀的方向。寫在紙上這個行為，可以讓自己更清楚心中的想法，也可留一份記錄能回頭檢視。

雖然也可用智慧型手機記錄，不過來自大自然的空白紙張，能讓我們感覺到從容與和平。以單頁紙張書寫也行，不過我更推薦寫在漂亮的筆記本上。

請參考以下範例，把「你的想法」與「防衛用的自我對話」寫下來。

平時的想法／今天有過的想法	提問	改變想法，建立防衛用的自我對話
我沒魅力	真的嗎？	• 不可能 • 只是我跟對方的美感不同 • 這種想法才是真的沒魅力 • （你的對話）
上司認為我沒能力	真的嗎？	• 其實這次的確是我沒做好，但跟我沒能力是兩回事 • 對方的確可能這樣想，但我已經盡力了 • 即使有令人煩惱的上司，但有工作可以做就很幸運了 • （你的對話）
（你的想法）		
（你的想法）		

了解自己的想法固然重要，但這個方法能否成功，取決於最後一欄，也就是你的「防衛用自我對話」究竟是否奏效。你應該動員自己的所有能力來創造這些對話，有需要的話就跟他人分享，獲取一些靈感。「所以咧？」、「那又怎樣」、「哎喲，怎麼回事？」等等，都是多數情況下可通用的防衛自我對話。往後，每當面臨各種令人倍感壓力的情況時，就用下面這些防衛用的自我對話來回應吧！

- 考試落榜了↓所以咧？再考就好啦！
- 失戀了↓所以咧？反正就沒緣分，這世界很大，還有很多好對象
- 那個人討厭我↓所以咧？討厭又能怎麼辦？只要做好我自己的事就好，討厭我是他們的損失啦！
- 被裁員了↓哎喲，怎麼回事！

伯恩斯提到需特別注意的一點，就是不能在想法一欄裡填入情緒反應。以上面的表格為例，只能寫「我沒魅力」，而不能寫「我沒魅力，

好難過」。不要連情緒一起記錄進去，因為你無法精準掌握自己是因為沒魅力而悲傷、生氣，還是單純的不耐煩；再說，要用這簡單的三欄法來導正情緒，不僅困難且容易讓內容變得複雜。三欄法只適用於將「負面想法」轉換成「正面想法」，情緒的問題必須留待後續再處理。

✚ 詢問自己這個想法「是真的嗎」之後，再將負面想法轉往樂觀的方向。

能夠拯救你的自我對話

三欄法的成功與否取決於自我對話，所以讓我們多找一些可實際運用的範例吧！新聞記者卡拉．史塔爾（Karla Starr）在《七的好運法則》一書中，講述了一則以愉快態度面對壞運的故事。

某次工作途中，她在半路上發生一起嚴重車禍，導致手腕嚴重的開放性骨折，搭乘急救直升機抵達醫院時，眾人都安慰她說幸好只有手受傷。原本史塔爾也說「我運氣怎麼這麼好？」但後來才發現她受傷的是左手，而她是個左撇子，這下她立刻改口說：「我運氣怎麼這麼差！」

我認為她這種態度有助於人們在面對壞事時恢復平常心，所以曾經嘗試在諮商室裡使用這個技巧。我請因壓力而陷入憂鬱的個案試著說：「我運氣怎麼這麼差！」說完後，他們都噗哧笑了出來，接著居然感覺到壓力減輕了不少，並開始尋求解決之道。

手臂微彎從右側大幅度移動到左側，用滑稽一點的動作，再以誇張的語氣說出「運氣怎麼這麼差」，會讓人笑得更大聲，心情也會恢復得更快。如果再搭配把腳抬起、放下等動作，「笑」果就會更好。所以請務必記住「我運氣怎麼這麼差」、「我運氣怎麼這麼好」這兩句話，不光適用於小小的壓力，即使是運氣真的非常不好的狀況，這類自我對話的力量也強大到能幫助我們一笑置之。

《七的好運法則》韓文版副書名下了一個提問：「運氣是神的禮物，還是大腦的習慣？」作者訴說自己在出版這本書之前曾遭遇車禍，歷經頭蓋骨骨折，花了超過十六萬美元的醫療費而宣告破產；此後她還因全球金融危機而失業，寄住母親家中並罹患憂鬱症；然而最後她的結論卻是——運氣來自大腦的習慣。她必定歷經了一段艱辛的時光，才能找到這個答案。

如今我已經習慣性地會請個案找出有用的自我對話，但近來發現最有效的一句，是在網路上看到的這句「你沒錯」。

A：你為什麼總是可以這麼冷靜？
B：因為我不跟傻瓜爭論啊！我總是只用「你沒錯」來結束對話。
A：不過有時對方的行為根本不合理，而且是錯的呀！
B：你沒錯。

（出處：Got it Korea）

人際關係中接觸到的想法或情緒對立，有時會帶給我們巨大的壓力，而這句簡單明瞭的話，能在與人交流時不傷害他人的情緒，並幫助我們順利脫身。「你沒錯」能幫對方建立自尊，同時你也只要在心裡笑對方是「傻瓜」並敷衍過去就好，不須貶損對方的自尊。專家提供的意見固然有效，但在網路上找到的對話不僅是生活中常見的內容，還十分有趣能讓人輕易接受。

前面我們介紹了幾種自我對話的範例，如果當中沒有適合你的，你也可以從談論正向思考的其他書籍或媒體中去尋找。千萬不要輕易放棄，要多多嘗試，之所以要這麼做的原因有兩個：

第一，能在關鍵時刻拯救你的其實都是一、兩句話，尤其是自我對話。重度憂鬱症患者面臨輕生等極端選擇的時刻，大多是深夜或清晨。在聚會結束、派對結束、各自回到臥房後的時間，沒人會逗笑我們、擁抱我們，我們會被突如其來的孤單與絕望淹沒。

這時，如果有人能持續在身旁安慰你，你就比較不會做出極端的選擇。然而，想完成這趟「獨自的旅程」，就不該倚賴他人的言語和行動，或者說打從一開始就不要期待他人，而是必須準備好更多的自我對話。因此，讓我們一起建立豐富的自我對話資料庫吧！

第二個原因，則是我們該派上用場的不是一般對話，而必須是專屬於自己的「自我」對話。即便有上百篇能夠安慰人心的名言佳句，但肯定也有在此之外的話語，是真正能為你帶來力量的。曾經，很多心理勵志書都收錄了賢者告訴所羅門王的這句話：「這些事很快都會過去。」許多人受此感動，我一位朋友也是一有機會就跟我說這句。不過，並不是每個人都能像他一樣從中獲得強大的力量，也就是說，沒有一個通用的方法或一句通用的話，能夠適用所有狀況或所有人。

大約是我小學三年級時發生的一件事。課堂上在學諺語，對那個年紀的我來說，眾多諺語中唯有「即使被老虎咬走，只要打起十二萬分精神就能活下來」這句，我實在無法理解。當時我疑惑地想：「奇怪，被老虎咬走就會死啊，打起十二萬分精神就能活下來嗎？」甚至還想跟老師計較這句話的真實性。

然而，現在或許因為一直在認真實踐正向思考，我開始覺得「也許真的可以活下來」。老虎把我咬走後，可能會為了換氣、為了吃我而至少把嘴巴張開一次，應該可以看準那個機會逃跑。

當我被老虎咬在嘴裡，等待著這個機會時，「這些事很快都會過去」這句話還能幫我撐過這個生死存亡的時刻嗎？會不會就這樣去到另一個世界了呢？我想，「事情不到最後不知結果」、「一定還有機會」這一類的想法，可能更適合此時。

盡量多找一些能帶給你安慰與勇氣、專屬於你的自我對話吧！唯須注意，不要使用嘲笑別人的自我對話，也不要硬把自己的自我對話分享給他人，只須在夜深人靜感到孤獨時，對自己說就好了。

「上天還給我們十二艘船。」*

✚ 能在關鍵時刻拯救你的其實都是一、兩句話，尤其是自我對話。

* 朝鮮王朝名將李舜臣所說的名言。十六世紀日本入侵朝鮮而引發的鳴梁海戰中，後者在李舜臣的帶領下，以十二艘板屋船擊退三百多艘日本艦隊，表現出不到最後關頭不放棄的精神。

為今天的心情打分數

我們可以參考《紐約時報》暢銷作者瑪西・許莫芙（Marci Shimmoff）、卡蘿・克萊（Carol Kline）在《快樂，不用理由》一書中提出的方法，試著留心你此刻的想法與心情。

1 用一到十分替你此刻的狀態打分數（例：對職場滿意度有多少？六分）

2 以正向的態度來評價這個分數（例：哇！居然還有六分嗎？不是一分而是六分的原因是什麼？）

這個方法的關鍵，在於逆著解釋分數的意義。在十分為滿分的前提下，某件事情的滿意度拿到了六分，通常會被認為「偏低」；不過，如果反過來想「天啊，竟然有六分？怎麼不是一分？」的話，就能大幅轉換心情。

接著再尋找得到這個結果的原因。例如，「至少有好同事，而且工作雖然很辛苦，但薪水比其他地方更高；週末還可以去騎腳踏車，也能幫助我轉換心情。」然後再建立要努力跟同事維持好關係、增加騎腳踏車時間的計畫。

後續，把可以提升滿意度的對象或活動找出來並持續執行，即使只能提升一分也沒關係。倘若最初的評分是五分呢？也是一樣的做法，「天啊，竟然有五分？怎麼不是一分？」倘若是四分，就是「天啊，竟然有四分？怎麼不是一分？」雖然每個人的狀況會不太一樣，不過就算是一分，我們也能用樂觀的態度面對。

如果覺得打分數有困難，那就用比較的方式。例如，以宏觀的角度來思考「跟這個人維持關係」（A）、「跟這個人中斷關係」（B）這兩個選擇，哪一邊對你比較有吸引力呢？或是兩者的占比大概是多少？可以暫時偏重較有吸引力或比重較大的那邊，盡量避免自己做出任何情緒性的反應，嘗試沉著冷靜地應對，並找出最佳的解決之道。

將想法或心情量化的原因，在於正確掌握狀況是一件很重要的事。每當想起某個人就令你感到厭煩時，我們的煩躁指數肯定是一百分，也會百分之百認定對方就是個糟糕的傢伙。不過，如果試著打分數，便會發現對方的確讓你感到煩躁與失望，但應該也有其他優點。或是情況相反，本來就覺得對方讓你很失望了，沒想到評出來的分數比預期的還低，你就會意識到兩人再也不可能恢復關係。

雖然正向思考很重要，但在必須中止一段關係或設下停損點時，也不必非得逼自己正向思考努力撐下去。如同《捨不得離開，不甘心留下》，（*Too Good to Leave, Too Bad to Stay*，暫譯）這本書的書名一樣，肯定也會迎來必須做出決斷的時刻。

✚ 將想法或心情量化的原因，在於正確掌握狀況是一件很重要的事。

不知不覺把你困住的「認知扭曲」

如果希望為想法或心情打上準確的分數，那就必須檢驗打分數的人，是否為相對公正的裁定者（Ruler）。假使最近你剛好因為某件事沒處理好而感到沮喪，總是想著「我能力不夠好，每次都這樣」，那給出的分數就可能比實際的還低。「我每次都這樣」的想法，就稱為「認知扭曲」；你有什麼樣的認知扭曲呢？又為何會這樣？

如果你已經習慣特定的認知扭曲，那表示這種認知扭曲已成為一種防衛機制，以便能讓你獲得外界的愛且不被邊緣化。當你一件事沒處理好，便直覺地認為自己能力不足，其實可能是你想逃避該狀況來避免為他人帶來麻煩。這麼做也許自己的能力會受到質疑，但你卻可以獲得人們的關心而不被冷落。同時，若你曾經遭人背叛，你就會基於不希望再被背叛的自我保護心理，形成「每個人都在利用其他人」的認知扭曲。

不過，若長期使用這個機制，你可能會從某個時刻開始，覺得自己無法跟他人溝通，甚至會感到尷尬。原本是害怕被冷落、被背叛才開始產生這種想法，最後卻背離了一開始的用意，逐漸與他人疏遠、無法獲得他人的信賴。越想靠近越是遙遠、越努力卻讓事情越複雜，這種讓人陷入困境的思考模式，就是認知扭曲。

如果過去你只是知道自己有這種認知扭曲，卻沒做出實際的應對措施，這次就試著創造能因應這種情況的自我對話吧。如果你符合下列一般認知扭曲的情況，請務必明白這些並非對個人無害的想法，它是會對生活造成負面影響的思考模式，必須要盡快修正。

有趣的是，多數情況下，其他人都知道你有著怎樣的認知扭曲，只有你自己不知道。只要仔細聽聽自己平時說的話，就能幫助你掌握自己的想法。以下表格是一些日常對話的例子，不妨參考看看。

認知扭曲	常說的話	創造因應的自我對話
認為自己有義務的思考方式與完美主義		
認為自己有義務要做某件事情、認為自己要把事情做到完美	• 非這麼做不可 • 一定要這樣做 • 怎麼可以這樣？	• 如果可以……的話就好了 • 想要這麼做 • 以後要這樣做 • 可以那樣做 • （你的自我對話）
過度地一般化		
將在特定狀況下短暫發生的事情，視為一般情況下經常會發生的事情	• 每次都這樣 • 我就知道會這樣	• 這次事情不太順利，下次再加油吧 • 這世界上哪有不犯錯的人？ • （你的自我對話）
個人化		
將事件的原因歸咎於特定的錯誤	• 都是因為我 • 只要你沒有那麼做……	• 不要再找戰犯了，還是趕快解決事情吧 • （你的自我對話）

認知扭曲	常說的話	創造因應的自我對話
貼標籤		
任意斷定自己或他人一定是怎樣的人	• 我是個失敗者 • 那個人超白癡	• 將人與行為區分開來 • 外表並不代表一切 • (你的自我對話)
誇大與邏輯跳躍		
• 誤以為自己是算命師或懂讀心術，認為自己無所不知 • 輕易揣測（讀心）、誤以為自己能讀懂他人的想法 • 情緒推論，以自我情緒為依據做判斷	• 不看也知道 • 那個人肯定在羨慕我 • 感覺好像笨蛋，沒錯，我是笨蛋	• 這是連續劇看太多了 • 不應該只知皮毛就以為自己什麼都懂 • (你的自我對話)
非黑即白，不是有就是無		
很極端地只往一個方向思考	• 一個科目的分數拿到 B，簡直就是毀了	• 只有那一個科目而已啊 • 這是非黑即白的二分法思考模式 • (你的自我對話)

認知扭曲	常說的話	創造因應的自我對話
	選擇的餘地	
選擇只看、只接受自己想要的資訊	• 人們只要看到我就會皺眉頭	• 我又不能百分之百肯定這件事 • 這種想法放進垃圾桶就對了 • (你的自我對話)
	習慣性後悔	
總是無法對結果感到滿意，認為必須做出不同的行動（滑動門時刻*） *由約翰．高特曼（John Gottman）提出，指伴侶關係中接收到另一方發出的需求時，選擇「拉開門」面對或「關上門」背對伴侶，將產生不一樣的結果。	• 早知如此，我就會這麼做了	• 別浪費時間了 • 過去的事已經過去了

除了表格上的內容，還有很多認知扭曲的例子。不過表格中若有特別引起你注意的地方，建議你可以檢視一下自己平常的說話習慣，並且建立可以因應的自我對話。在認知扭曲中，若你經常出現「自我挫敗式的信念」，也需要加以調整，因為那些信念就如同史瓦茲說的，是「大腦的謊言」。從「自我挫敗式」這個形容就可以看出，這並不是一種單純的謊言，而是會影響自己、致使自己失敗的行為；只要意識到這點，你就能更快讓這些想法消失。

以下是幾種常見的自我挫敗式信念，如果你符合其中幾項，希望你能建立足以因應的自我對話。

自我挫敗式的信念

- 我沒價值又低人一等
- 要獲得所有人的認同才是有價值的人
- 必須要有地位、金錢、外表、學位才是有價值的人

- 被別人拒絕就表示我有問題
- 絕對不能跟心愛的人吵架
- 不可以感到悲傷與不安，絕對不能生氣
- 我絕對不能失敗，這樣人生很容易付諸東流
- 我的人生中不能有任何壞事，沒壓力的人生才是完美人生
- 即使我過得很悲慘，也必須配合他人的心情
- 因為我很重要，所以必須得到相應的待遇

我會在本書中多次強調自我對話的重要性，是有原因的。認知扭曲這種負面思考，無法用「哎呀，這些東西不太好，從今天開始不要這麼想了」、「別想！別想！不要跑出來啦，拜託」這類想法來控制。因為無法不去想，所以用健康的想法讓負面思考失去立足之地會更有效。

前面已經介紹過反駁認知扭曲的技巧或創建自我對話的方法，不過光是這樣做，依然無法單靠自己的力量，在短時間內輕易扭轉這種長期扭曲的想法。這需要持續的努力，有必要的話也請接受專家的協助。

首先，認知到自己想法中「有些東西不正確」非常重要，如此一來

你會去反省那個想法，之後便會發展出對自己有幫助的新想法。試著找出在未來面對壓力時，適合你使用的自我對話，並用簡單的三階段來因應壓力吧！

1 發生了一些事（認知）
2 居然運氣這麼差！（短短的評價）
3 好，現在要怎麼辦？（尋找解決之道）

這樣一來，認知扭曲或自我挫敗式的信念就沒有介入的餘地，也能更快解決事情。所謂的認知扭曲，用非常極端的方式來解釋，就是一直在找戰犯並拖延解決問題的時間；謙虛一點的人會把錯歸咎於自己，比較厚臉皮的人則會怪罪他人。

當有機農產品首次出現在韓國時，我曾這麼想：「我知道這很好，但這麼貴怎麼買得下去？乾脆不要讓我知道這些資訊比較好。」如果說一般的蔥一把只要二十五元，有機蔥可能要價將近一百元，分量還不及一般蔥的三分之一。不過後來我只要有機會就會購買有機農產品，因為現今有機與一般食品的價格差異沒那麼大，我也不像以前那樣會因價格而糾結了。

就像深植腦海中的「有機」概念會靜待一個好時機冒出頭來一樣，當「必須要丟掉某些想法」的念頭進入你的腦海中，並時不時重新複習這個念頭後，你就會開始嘗試去拋棄不需要的想法。所以，先把「要丟掉某些想法」的認知放入大腦中並不斷複習，直到你能徹底拋棄那些想法而止。如同我們會在必要時用火溫暖身體、料理食物，認知扭曲就留到不欺騙自己會覺得渾身不舒服、消化不良，再來使用吧。

✚ 所謂的認知扭曲，就是一直在找戰犯並拖延解決問題的時間。

幸福來自轉換注意力

前面介紹的「三欄法」與「自我對話」，是將特定想法一一轉變成正面思考的方法，這裡要介紹的內容則與你的注意力有關。注意力之所以重要，是因為注意力是「思考的起點」。人們經常不明所以地陷入思考，通常是起因於關注某件事，才引發了思考這個行為。關注，是思考的開始，並且在我們沒察覺的情況下，對思考產生了巨大的影響。

《鋪梗力》作者羅伯特・席爾迪尼（Robert Cialdini），曾在書中介紹美國加州大學社會心理學者莎莉・泰勒（Sally Taylor）博士做過的有趣實驗。泰勒博士發現，在多人參與的討論中，經常露臉的人更容易影響討論與判斷的方向。有趣的是，她與兩名研究助理用實驗中的對話來練習，發現與她面對面的助理受到自己非常大的影響。這個例子告訴我們，你關注的對象，會對你造成莫大的影響。

也就是說，如果你現在心情非常不好，你很可能會遷怒於身邊無辜的人，因為對方就在你關注的範圍內。好比青少年動不動就怪罪說「都是因為媽媽」，把責任推到媽媽身上。

因為討厭上司而離職的人，約莫過了三個月就會發現地獄般的職場環境，並非百分之百是上司所致；離婚六個月左右的人，會發現痛苦的婚姻生活並非百分之百起因於配偶。職場上，你的注意力全在上司身上；婚姻中，你的注意力全在配偶身上，所以才會認為他們是你不幸的來源。但當他們離開你的視線範圍後，憤怒的對象消失了，你會突然變得茫然，甚至會想：「我到底在做什麼？」

很多專家都說，提升幸福感的方法一點也不難，就是「轉換注意力」。聽起來很厲害的樣子，但其實沒什麼，只是要你把注意力從你現在執著、煩惱的事情上移開而已。

席爾迪尼表示，老人的幸福感指數比一般人還高，祕訣就在轉換注意力。年輕人忙著追求成功，心靈十分忙碌，而老人首要的人生目標則是用餘生享受感性，所以他們會將注意力集中在正向的事情上，就能提高對生活的滿意度。也就是說，你所關注的事情將左右你的幸福。

因此，如果你已經結束職場或婚姻生活，就應該把注意力轉移到其他地方，避免自己回想起那些事，這樣才能盡快找到自己錯過的幸福。最糟的情況是，即使擺脫了那種壓力，仍然不停地提起那些與你結下孽緣的人，讓他們停留在你注意力所及的範圍中。將帶給你壓力的狀況中止，是一件不容易的事，隨之而來的犧牲也非常巨大，所以最好還是將注意力放在變幸福這件事情上。

此外，即使不丟辭呈或提離婚，我們也可以利用轉移注意力的技巧來改善問題。已婚者應該可以理解下面這種狀況：早上吵完架各自出門工作再回家見到彼此的夫妻，跟整天待在家回想吵架內容的夫妻，哪一對可以更快恢復關係呢？答案肯定是前者，因為白天工作時，已將注意力轉移到其他地方了。職場上有很多比配偶更讓人失望與憤怒的對象，或是為了處理複雜的工作而轉換注意力，所以早上感受到的情緒便會消失。

心情不好時一定要轉換注意力，當然，如果你一開始就關注正向、愉快的內容，自然比較不容易變得憂鬱。持續關注自己擁有的事物中，哪些比較值得感激，也是個很好的方法。尤其早上睜開眼時，如果第一個情緒是「感謝」，那麼你的注意力就會去關注好的方向，也能讓你這一天過得更輕鬆。

感謝自己整晚沒發生什麼意外，平安無事地醒來；感謝自己能蓋著這麼溫暖的棉被；感謝自己能在安靜的房間裡醒來；感謝自己能用最新的智慧型手機叫醒自己；感謝自己又能度過新的一天……能感謝的事情很多，大家可以自行尋找值得感謝的事物。即使一整天都不曾產生感謝的心情，只要在睡前找一件事來感謝，就能讓整天混亂的注意力恢復平穩。只要能好好轉換注意力，即使沒用三欄法改變想法，心靈藥局也會自行運作。

✚ 轉換注意力，就是把你的注意力從現在執著、煩惱的事情上移開而已。

想法和語言之間的祕密

我們經常「認為」自己知道自己在想什麼，但實際上並非如此。想法就像從超市買來的食材一樣，本身就是一盤散沙，散落在餐桌上的洋蔥、紅蘿蔔、豬肉等食材，必須經過處理做成雜菜*，用途才會變得明確。想法也必須化為語言才會變得清晰，語言就是想法的廚師。

想法就像未經處理的食材，粗糙、多變且散亂，讓人無法專注，經過「語言化」之後，就會變得清晰。

問題在於，語言這名廚師不會直接將想法表達出來，而是必須經過「料理」。語言廚師討厭生食，所以一定會將食物經過燉煮、熱炒等工序後才盛盤；也就是說，想法不等同於語言。明明想法是A，我們卻經常說成B，還會誤以為「自己使用的語言」，就是「自己的想法」。

而且廚師不會只做一道菜，會視情況與熟練度，用同樣的食材做成糖醋肉或辣炒豬肉。簡單來說，要做什麼菜都隨廚師的心意決定，語言也會隨意地把A想法加工成C與D。

之所以特別以雜菜和糖醋肉為例做解釋，是因為造成心病的原因中，有很大一部分和語言有關。一般人要區分想法和語言並不容易，我特別針對這件事做說明，最主要的理由是一旦人們了解「語言不等同於想法」後，就能更有效地管理自己的心靈。尤其是語言，比想法更容易被注意到而有所修正，能為我們提供許多幫助。

此外，有些內在想法和情緒，一定要透過語言表達出來才能治癒。經典的例子像是創傷後壓力症候群等承受巨大壓力的情況，就必須如此。

我們可以從知名的「百事挑戰」來窺見語言對想法造成的巨大影響。這個挑戰有一個更響亮的名稱是「可口可樂 VS 百事可樂盲測」，是由銷售量比可口可樂差的百事可樂在全球各地舉辦。百事可樂指出，遮著眼睛喝

---

* 一種以冬粉、紅蘿蔔、肉絲、蔬菜加麻油熱炒而成的韓國料理。

可樂時，有更多人給百事可樂較高的分數，並自信滿滿地宣傳百事可樂的「美味」。也多虧了這項計畫，有一段時間百事可樂的銷量微幅領先可口可樂。

不過有趣的是，若讓人們看見商標，說可口可樂好喝的意見就壓倒性地勝出。在不使用語言形式明示A與B的差異時，人們即使無法區分產品的好壞，甚至心裡認為「B比較美味」時，還是會在聽到產品名稱後，立刻轉念認為「A比較美味」。這個實驗顯示出語言的力量有多強大。

現在讓我們來看看，該如何利用這巨大的力量來管理自己的心靈。我想表達的主要觀點有二：第一，說出來；第二，選擇性聆聽再好好說出來。

為什麼必須說出你的故事

貝塞爾．范德寇（Bessel van der Kolk）在《心靈的傷，身體會記住》一書中，展示了創傷患者的大腦照片。當這些患者重新回想起創傷時，右側的邊緣系統與視覺皮質會變得活躍，布洛卡區的活躍度則大幅降低。邊緣系統是情緒中樞，視覺皮質是負責視覺情報的區域，布洛卡區則是語言中樞。

這告訴了我們，患者會以情緒記憶、以圖像儲存外傷事件，但卻無法將其語言化。也讓我們清楚知道，當人們承受壓力時會以「腦袋彷彿一片空白」、「說不出話」、「感到語塞」等方式來描述當下狀況，其實有神經學上的依據。范德寇表示，分散的創傷記憶碎片必須整合成人生故事才行；雖然語言並非治療創傷的唯一方法，但我們必須嘗試用嘴巴說出這些事，創傷才可能獲得完整的治癒。

創傷患者的嚴重程度可能不如憂鬱症患者，但在無法用言語形容自己的狀況這點上，兩者可說是如出一轍；我們很容易從他們的外在行為看出他們話不多，而這也是邊緣系統造成的結果。稍微對大腦有點了解，就會知道人類的大腦分為左右兩邊，左腦掌管語言能力，右腦掌管非語言能力（四維空間等），而憂鬱症患者的左腦（尤其是額葉部位）

非常不活躍。究竟是這樣的大腦導致他們話少，還是因為他們不太說話才使左腦的活躍度降低，這之間的因果關係目前還不明確。不過我們可以從中發現，「說話」是治療憂鬱症相當重要的一環。

心理諮商之所以對治療憂鬱症有幫助，也是因為「說話」。其實無論對象是家人、朋友或是其他人，只要能說出令自己痛苦的事情，肯定都能帶來幫助。只是如同前面所言，困難之處在於找個人聽你說話。即使有個能聽你說話的對象，兩人的關係越親近，就越不容易同理你說的話，而是會草率地提供建議跟下判斷，因此講完後經常讓人感到後悔。

對創傷患者來說，無論家人多麼犧牲奉獻，仍然有必要在安全的環境下與專家對談。其實面對這些患者，就連專家都不容易將他們的創傷與痛苦語言化，所以經常需要以「關於那件事情的那個部分（身體），你想說些什麼？」或是「現在你想怎麼做？」等問題來鼓勵患者嘗試說出來。輕微或早期憂鬱症患者可以嘗試自己進行這些對話，無論是什麼形式，持續「說話」都是非常重要的一件事。

眾所皆知左腦是「語言腦」，但隨著神經科學的研究不斷精進，我們發現左腦不僅是語言腦，更是「統整腦」。腦科學領域的國際權威麥可・葛詹尼加（Michael S. Gazzaniga）指出，我們的大腦由許多優秀的模組組成，這些模組之所以能擁有統一的意識，是因為大腦有個分析器，而左腦就是用來執行這個功能的區塊。

因此，語言功能不應僅僅被視為大腦功能的一部分。當語言功能提升，左腦就會更活躍，大腦整體的判斷功能也會提升，進而降低誤判或是做出極端行為的可能性。語言化過程不順利，很可能不單純只是語言功能變差，而是大腦整合能力變差的訊號，因此必須積極處理；而多說話，就是一個很好的因應方式。

說話固然重要，但如果沒人聽你說，那書寫也是一個很好的選擇。無論是日記還是部落格，甚至是錄音也可以，重點在於用語言表達出來，而不是非得有個聆聽對象。書寫或錄音都有助於提升左腦的功能，所以覺得不舒服時，千萬不要全部壓抑在心裡，要說出來或寫出來。

如果沒辦法對家人或朋友說，就說或寫給神、寫給醬缸、寫給書桌抽屜裡的守護天使。你的想法或情緒，不是非要上傳到部落格才有價值；不是一定要讓其他人聆聽、閱讀才有意義，只要你自己聽或讀就好。

我們來複習一下：有空時就把想法語言化，左腦會自動活躍起來，進而使左腦的整合功能更順暢，問題也就容易迎刃而解了。

文字別照單全收，壞話不全盤托出

說話本身固然重要，但選擇性聆聽並把話說好也很重要。選擇性聆聽的意思，是指不要把別人的話或文字照單全收。例如有人說你是「笨蛋」時，很可能對方真的認為你是笨蛋，但也可能是因為覺得你可愛才這麼說。

當然，你肯定知道是哪一種，不過站在本書強調心靈管理的立場來看，你應該更厚臉皮一點。天下沒有白吃的午餐，這是你必須努力做到的。若有人說你是笨蛋，不代表你要為此難過得死去活來；況且，如果你把這句笨蛋解釋成對方在稱讚你可愛，也不會因此像希臘神話裡的海倫一樣引發特洛伊戰爭，更不會被人當成騙子或讓對方蒙受重大損失。所以，只要不是非得嚴肅以對的情況，就可以將別人的負面評價當成小石頭丟得遠遠的。

我們不需要一直糾結於對方「怎麼能那樣講？」不需要把這種有如小石頭一般的話放在心上，甚至再三確認裡面有沒有寶藏。更重要的是，如果有人經常對你說這種話，最好減少跟這些人碰面；尤其是情緒陷入憂鬱時，更應該暫時停止跟這樣的人見面，家人也不例外。當你恢復且比較有餘裕後，再跟對方聯絡就好了。

接著，我們來談談關於說話這件事。無論使用哪種語言，都會展現你是個怎樣的人，同時也會對你的大腦造成影響。如果不是什麼大不了的狀況，卻經常把「真倒楣」、「要瘋了」、「要死了」之類的話掛在嘴邊，大腦就會認為狀況真的這麼嚴重，並會嘗試從任何地方尋找原因，最後受害的是你自己。

如今我們已經知道大腦經常說謊，尤其在曖昧不明的狀況下，大腦更容易說出負面謊言。因為大腦認為即使扭曲了真相，提出負面警告更能幫助我們活下去。

認為左腦是「整合腦」的葛詹尼加曾說：「左腦太過忠於這個功能，有時甚至會編造假象。」他在知名的裂腦患者研究中曾多次目睹這種現象。有些患者為了治療嚴重癲癇而接受胼胝體橫切術，會切斷左腦與右腦之間的連結，研究團隊便以這些患者為對象進行實驗。他們讓患者的右腦觀看一支男子從火焰中登場的可怕錄影帶，使患者產生負面情緒後，再問患者看見什麼。實際上患者的左腦什麼也沒看到，卻還是會想盡辦法整合負面情緒的事實並嘗試說出來。葛詹尼加的患者就表示自己莫名感到恐懼，不知道這股恐懼是源於不喜歡研究室，還是覺得葛詹尼加博士令人感到不快。

當情報不足時，左腦就會將身邊的一切組合起來，竭盡全力來解釋狀況，甚至不會注意到這些理由牛頭不對馬嘴；如果這種事經常發生，將使左腦的整合能力下降。雖然每個人的左腦都會編造故事，不過出現在憂鬱症患者身上的頻率特別高。在憂鬱症患者身上，我們經常能看到下面這種左腦扭曲現實的情況發生：「我有不祥的預感，好像會發生什麼壞事。為什麼我要這樣做……（昨天對方說自己很忙，）他肯定是討厭我。」

腦科學家表示，大腦很喜歡編故事，因此一旦陷入憂鬱，大腦就會開始編織許多憂鬱的故事。大腦會過濾來自外界的情報並留下負面訊息，這讓我們的表達充滿了許多負面詞彙。其實這意味著大腦的過濾器出了問題。

接著大腦只能處理這些受限的資訊，進而使左腦繼續捏造故事。「把話說清楚」的原意，是指不要側重任何一邊，要經過正確判斷後再把話說出口。只不過憂鬱症患者容易偏向負面資訊，所以必須刻意讓自己說出口的話更為正向，才能維持平衡。

憂鬱症之所以難以痊癒，是因為患者看的、聽的、說的內容都很憂鬱。輸入大量的憂鬱資訊，大腦別無選擇只能處理憂鬱訊息，情緒自然會越來越低落。人類藉由視覺與聽覺接收的資訊都來自外界，要控制訊息的接收確實有困難，但說話是由自己嘴裡說出來的，所以可以靠自己的努力來控制。

不說負面的話，除了能讓別人心情好，最重要的是為了自己。從你嘴裡說出來的負面話語，會最先被你的耳朵聽見。語言的力量可抵千金，而該如何使用這股力量，就取決於你自己。

✚ 一旦人們了解「語言不等同於想法」後，就能更有效地管理自己的心靈。

情緒是主角，想法是統籌者

「那麼，情緒不重要嗎？」

如果提起「思考」的重要性，經常就有人提出這樣的質疑。會提出這種問題的人，通常不是真的對情緒是否重要感到好奇，他們只是想計較這件事：明明「情緒」很重要，為何只強調「想法」？我固然想跟這些計較的人說，正是因為他們在情緒上較為脆弱，才會把不重要的情緒看得很重要；但話說回來，情緒的確是重要的。理性與情緒，或說想法與情緒，並不是一個需要長時間爭論的話題，它們都是讓心靈藥局運作的重要元素。讓我們回想一下前面提到的要點：

「好想法會產生好情緒，有了好情緒便能分泌好的化學物質。」

一直以來我都強調，好想法可以促進好的化學物質分泌，實際上想法與化學物質之間還有情緒。也就是說，促使化學物質分泌的真正主因，可以說是情緒。既然情緒是主角，為什麼到此刻才讓它出場呢？

美國喬治華盛頓大學神經科學家甘德絲．柏特（Candace B. Pert）主張，情緒確實會製造特定的化學物質，每種情緒都與特定的化學物質有關聯。如果我們感受到情緒，身體的細胞就會吸收相應的化學物質。

觀察一下我們平時在特定情緒狀態下說的話，例如悲傷時會說心痛、生氣時會說心中有把火、嫉妒時會講出妒火中燒等慣用口語，就會發現柏特的主張其實非常有道理。據她所述，情緒分泌的化學物質會在身體裡擴散，並帶給身體刺激；而體內細胞吸收這些化學物質，則是為了長時間記住這種感覺，以因應將來可能遭遇的危險。

柏特在《情緒分子的奇幻世界》這本書中，提到情緒不只是單純製造化學物質而已，在維繫人類的生命與健康上也扮演著非常重要的角色。她說悲傷、憤怒、罪惡感、恐懼等負面情緒，會使血液中的C-反應蛋白數值增加，進一步成為誘發疾病的原因。而快樂、喜悅、幸福等正面情緒則會增加免疫抗體，進一步提升免疫力，幫助預防與治療疾病。她之所以將書名取為「情緒分子的奇幻世界」，就是想強調情緒有如分子一樣，擁有實體且會對身體產生作用。情緒不只是單純的心情，而是像分子一樣細密地滲入我們的身體與精神，有時甚至會控制我們，擁有非常強大的力量，情緒就是這麼了不起。

雖然情緒相當了不起且十分重要，但能否控制情緒卻是另一個問題；好比氧氣固然重要，但我們無法直接製造氧氣。前面說過，想法的速度非常快，但無論想法的速度再快，我們都能夠抓住它。可是，情緒卻沒有快不快的問題，它就是一直在那裡。

以在海裡能快速游動的「魚」為例，情緒就相當於「海水」。魚游動的速度固然很快，但我們仍然能抓住魚，海水卻是即便嘗試抓住也會從手中溜走。雖然它有實體，我們也能感覺到它，但卻好像無法實際拿它來做點什麼。不過好消息是，這難以捉摸的情緒能夠靠想法來安撫。

這個概念非常重要，在這裡舉個例子簡單說明。

用想法安撫情緒

1 認為情緒最重要（例：雨下太大了，讓人不安）
2 但是難以干預（例：有什麼好不安的？不必感到不安）
3 用想法穩定情緒（例：已經連下兩天了，不過雨下得夠多，穀物才會長得好，秋天才有美味的白米飯能吃啊！）

情緒就好比派對主角，像孔雀開屏一樣華麗且變化多端，總是能受到矚目。不過當我們陷入歇斯底里的狀態，或是酒精作祟而衝動行事時，就會無法控制情緒，這時就要交給派對統籌者，也就是「想法」來負責善後。將情緒與想法比喻成派對主角及統籌者，並不是一種文學式的寫作技法，而是實際在大腦中上演的狀況。

在大腦裡，主要負責情緒的區域為邊緣系統中的杏仁核。社會心理學家暨神經化學家馬修・利伯曼（Matthew Lieberman）教授曾邀請一群大學生，讓他們看人類哭、笑或驚訝的表情，再將這些大學生的大腦活動影像用磁振造影（MRI）拍下來。結果一如預期，我們可以看見這些學生的杏仁核區非常活躍。

接著利伯曼教授又指示學生為這些影像取名，結果杏仁核區的活躍度又降低了。在產生為影像取名的想法後，負責情緒的杏仁核變得較不活躍，而負責想法的前額葉皮質區活動則增加了。

《一次一點，反轉憂鬱》作者柯亞力（Alex Korb）就曾提過，認知到自己的情緒狀態能幫助前額葉皮質活躍，這將使得杏仁核趨於平靜。產生劇烈的情緒反應時，杏仁核會變得活躍，然後又透過想法回歸平靜；如果用影像將這個過程拍下來，會令人感到無比神奇。

如今我們視為理所當然的現象，多虧了過去許多研究的貢獻。當中甚至有不少與人種問題有關的有趣研究，例如美國學生看見陌生的黑人男性照片時，杏仁核會變得十分活躍，但看見金恩博士（Martin Luther King）或丹佐・華盛頓（Denzel Washington）等熟悉、具正面形象的黑人照片時，杏仁核卻沒有太大的反應。可知，在陌生且不自在的情況下所引發的「情緒」反應，可藉由「想法」為其定義或賦予正向的解釋。

安撫情緒的是「想法」

情緒能讓我們知道自己處在什麼狀態。唯有掌握情緒，才可能展開治療，所以了解情緒很重要，但是情緒在治療上並無法發揮太多作用。當然，你在與他人對話時，若能在乎並同理他人的情緒，對方覺得自己迅速獲得認同將會十分感激你。不過我們從前述的例子看到，如果要安撫焦慮的人，對他們說「不要太焦慮」、「放下這種情緒」其實不會有太大的幫助。反而是必須說服他們為什麼可以不焦慮，引導他們往別的方向思考，才能幫助他們盡快脫離焦慮的情況。來到這個階段，情緒又再次扮演要角，因為判定對方是否穩定下來，最好的衡量標準就是情緒。

我曾經一週一次幫幼兒園老師進行為期兩週的團體諮商。第一週，一位教導五歲班級、心情看起來不太好的老師表示，他白天真的太生氣了，忍不住把怒火帶到會議上。他說：「有個很討人厭的孩子，一直不把我放在眼裡。」我問他：「所謂『不把人放在眼裡』，是指精神年齡相近的人在表露不屑態度時所產生的情緒。精神年齡比您小好幾輪的孩子，怎麼能夠不把老師放在眼裡呢？有沒有可能是孩子不聽話，或是有其他的問題？」瞬間，老師露出了恍然大悟的表情，接著說：「的確是有這種可能。」並噗哧一聲笑了出來，其他老師也跟著笑了。

一星期後，那位老師帶著開朗的表情走進諮商室，我問他這週過得如何，他笑著說：「那孩子仍然不聽話，但我不像以前那麼生氣了。他不聽話的時候，我不會再認為他不把我放在眼裡，反而把那當成是他不理解我說的話而一笑置之。」

第一次諮商與一星期後的情緒，就是我們可以用來衡量該名老師心理狀態的標準。情緒就像心靈的快篩試劑，它能讓我們知道自己生了什麼病，也能讓我們知道是否痊癒了。

不過快篩試劑並不是治療藥物。我們可以靠著情緒這個快篩試劑得知人的問題是否獲得解決，但依然不能忽視解決問題的方法。

有人說要改變一個人的心意，必須以情緒而不是以想法說服對方，這個概念在消費心理學中尤為重要，也經常運用於廣告中。

我們試著找出一個影響人心的廣告做為例子。某行動通訊公司曾發表一支以自家 IoT（物聯網，Internet of Things）技術的概念廣告做為例子，訴求「將障礙轉變成希望」。廣告內容來自真人真事，主角是一名有三個孩子的父親，因遭遇嚴重的自行車意外被判定脊髓損傷，肩膀以下完全動彈不得。

不過，他並沒有屈服於自己的不幸，而是購買了特殊電動輪椅，積極克服眼前的障礙、活躍於合唱團且經常旅行，並成為改善殘障認知的教育講師。最重要的是，過去需要家人協助的日常起居，如今可以透過通訊公司的 AI 擴音器解決。廣告的高潮，就在這位父親為了陪女兒去她最想去的漫畫博物館，他先搜尋前往博物館的方法，並提前觀看館內展出的作品，好能到現場時向女兒介紹。廣告讓我們看見，這一切都能在物聯網的協助下完成。父親以充滿父愛的眼神看著笑開懷的女兒，看到這一幕的人都大受感動，也刺激了消費者「想來試用這項商品」的購買欲望。

從這則廣告中可以看到，只要觸碰到情緒就能感動我們，所以實在不需要多做額外的說明。那麼，為了做出這種感動人心的廣告，廣告公司該怎麼做呢？肯定不是讓人欣賞主角笑著說「即使遭遇困難也能克服一切」的影片，而是要編出一個縝密的故事以說服觀眾的情緒。是廣告製作者編寫這個故事的「想法」，感動了消費者的「情緒」。

從本書的主題——「讓自己幸福」的角度來看，誰才是廣告製作者呢？答案是你自己，你必須用你的「想法」來說服你的「情緒」。用他人的「想法」來影響自己的「情緒」是容易的，自己說服自己反而較為困難。不過整體來說，這項心靈管理程序還不算太難，而且可以減輕心靈藥師的工作負擔。

控制情緒的第一步是「表達」

前面我將情緒與想法的關係，比喻為「派對主角」與「統籌者」，與其說想法這位統籌者個性嚴格、謹慎、認真，不如說它更像是一位深謀遠慮的母親。試想，心思縝密的母親在面對哭泣的孩子時，會做出怎樣的行為？她會先讓孩子盡情哭個夠。也就是說，控制情緒的第一階段就是表達情緒。

不過，一般來說成年人無法像孩子一樣大哭大鬧，所以需要一些較有格調的處理方式，像是之前提到的以書寫或說話等方式來表達情緒。我們可以試著說出自己感受到的情緒，藉著跟同事、朋友聊天來排解情緒。如果沒這種機會，就把情緒寫下來，方法與前述提及的一樣。

德州大學心理學教授詹姆斯·彭尼貝克（James Pennebaker），以「表達式寫作」來形容書寫情緒的行為。這種方法是試著用文字把內心深處跟煩惱有關的情緒寫出來，藉著情緒顯露，達到排解情緒的效果。他發現，寫作能改善我們的身心健康，至今也有超過一百份以上的研究報告支持這個論點。

無論使用哪種形式的寫作都行，可以像日記一樣記述，也可以用「現在的心情如何？」等自問自答的方式。重點在於一定要表達出情緒，一開始要連續做三至五天，持續越久效果越好。

《練習，讓自己更快樂》一書的作者索妮亞．柳波莫斯基（Sonja Lyubomirsky）在書中引用的一項研究指出，實驗中執行「表達式寫作」的人員，比書寫臥房、家具、配置等中性主題的人員更加幸福。而且在數週後的追蹤還可發現，這群人去醫院的次數減少，免疫功能變得更好，在學校或職場上也有較佳的表現，缺席次數大幅減少；即便遭受解僱，找到工作的機率也變高。

我們可以理解這個方法確實能穩定人的心理狀況，但為何連免疫功能都變好了呢？這是因為人類的身體和大腦，只要沒急事須處理，就能專注在身體的修復，而負責修復的精銳士兵就是免疫系統；所以情緒穩定了，自然使得免疫功能提升。免疫系統可能會因主人的情緒狀態而工作到精疲力盡，也可能進入輕鬆自在的修復狀態。

表達式寫作之所以有效，原因應該是情緒的宣洩，不過柳波莫斯基認為，「接納情緒」也是一個主因。當我們接納情緒，就能適應並讓情緒過去，至少能夠「減少」情緒的強度。所謂的接納情緒，就是理解並承認自己感受到某種情緒。

在槍林彈雨的戰場上，所有情緒和感受都會變得遲鈍，甚至會讓人在腳受傷時也感覺不到疼痛，因為當下所有的精力，都專注在生存這件事上。同樣地，內心發生戰爭時，我們會無法好好感受當下的情緒，好比罹患一種情緒無力症——明明很痛苦卻感覺不到疼痛，明明很憤怒卻說自己毫不在意。而書寫，可以淨化情緒的認知能力，重新找回被內心巨浪帶走的情緒，並接受「這就是我的情緒」，這是治療中不可或缺的部分，寫作則是協助這個過程的好方法。

前文提到，左腦不僅是「語言腦」，更是「整合腦」，所以我們必須多加注意，避免左腦功能變差。左腦的有趣之處不僅如此，它還與正面情緒有關，目前已有許多相關研究。

理查‧戴維森（Richard J. Davidson）、夏倫‧貝格利（Sharon Begley）曾在《情緒大腦的祕密檔案》一書中介紹過幾個研究，其中一項是實驗團隊在受試者的額頭肌肉上貼了感測器與十六個電極，用來檢視受試者的情緒反應。當受試者感受到正面情緒、露出笑容時，左腦的前額葉皮質區會變得十分活躍；感受到負面情緒、臉部做出恐懼或嫌惡表情時，則是右腦的區塊較活躍。

另一項研究，則是讓三十八名十個月大的的嬰兒舒適地坐在母親膝蓋上，然後在他們的額頭貼上電極，讓他們觀賞女演員笑或哭的影片。當女演員笑時，嬰兒左腦的前額葉皮質便會活躍；當女演員哭時，則換成右腦活躍。另外也有以新生兒為對象的研究，給新生兒糖水會使他們的左腦活躍，給他們酸澀的檸檬水則使他們的右腦活躍。

透過這些研究，我們可以發現左腦與正面情緒、右腦與負面情緒的關聯性。雖然還需要經過更全面的分析，但這讓我們再一次看見左腦在憂鬱症治療中的重要性。前面說過，憂鬱症患者的左腦相對不活躍，因此語言能力較差，就連正面情緒也會變得低落，進而陷入各種負面情緒中。

不過，我們也知道一個很簡單的方法，能讓左腦的功能活躍起來，那就是不斷地說話、書寫。這麼一來，應該就能理解為何跟心愛的人一起吃美食、聊天會感到非常愉快，甚至讓憂鬱一掃而空。本以為是美食的緣故，但其實是因為聊天，也就是說話所帶來的影響。

勸導情緒的好方法

深思熟慮的母親接下來會溫柔地教導孩子，讓他學會正確的行為；也就是說，我們不能忘記，要教導情緒表達自我、做出正確的行為。情緒非常固執，單方面下命令反而會使它意圖反抗，畢竟情緒可是主角呢。不過溫柔勸導後，情緒就會在不知不覺間放鬆警戒，笑著為整個狀況畫下句點。

馬克．曼森（Mark Manson）曾說過，我們要用向摩洛哥羊毛毯商人殺價的方式跟情緒討價還價，這是個非常精準的譬喻。這種討價還價的方法，本書先前也介紹過了，包括切斷思考環、改變思考方向、創造正面的自我對話、轉換注意力等等，所有行動的過程都是在溫柔地說服情緒，這就是我們要先了解如何改變想法的原因。如果不記得內容，那就回去再讀一次吧。

某天，我呆望著客廳裡的盆栽，突然覺得盆栽的葉子沒什麼生氣，便對葉子噴了點水。同一天下午，我讀到書上寫了這麼一句話：「看到植物漸漸枯萎而對葉子噴水的人，真是傻瓜。如果想從根本解決問題，就應該對著根部澆水才對。」我想，那個傻瓜就是我。

這個傻瓜在一小時後又做了一件蠢事。我看見停滯的時鐘指針，想著「咦？為何指針不走了？」便把指針調到當下的時間。正巧同一本書有另一句話寫著：「因為時鐘故障而去調指針的人，真是無藥可救的傻瓜。如果想從根本解決問題，就應該換電池才對。」

關於這兩件事，我決定以「那天心情特別不好，想必很多人都曾做過同樣的蠢事」來為自己辯護。不過我覺得滿委屈的，因為明明親眼看見盆栽的葉子短暫恢復活力，也看見指針又繼續走了一下。情緒也如同這種狀況，當我們想盡辦法處理它時，會看似短暫恢復生機，但這些處置其實就像為葉子噴水、調整指針一樣。唯有透過想法來調控情緒，才是對著根澆水、為時鐘換電池的根本之道。

如果要針對表達式寫作多做解釋，那我想告訴各位，把發生的事情寫下來，並寫下與該事件有關的想法、最重要的情緒，確實能充分排解情緒，但如果想完全排解，就必須透過新的想法、樂觀的自我對話來勸導。如果寫著寫著實在太生氣，下筆的力道甚至能夠戳破紙張，再憤而闔上日記本並直接結束這一天，那麼隔天你的心情肯定會糟到連自己都覺得不妙。這樣一來，前一天花時間寫作等於是徒勞無功。

當特定情緒難以安撫時，就表示你或許受了很重的傷，很可能內心想牢牢記住那份情緒，好讓自己永遠不再受這樣的傷，所以無法只用一般方法勸導。這時可以試著以「謝謝你，這麼保護我……」來認同情緒的辛苦，再勸導情緒說「現在沒事了，我可以克服的。而且說不定那根本不是什麼傷啊，所以現在別再堅持了」。如此一來，絕對能讓你當晚安穩入睡。

高中時我偶爾會寫日記，分秒必爭的高三時期，我還是會在感到特別辛苦疲憊的時候寫日記。我會寫下那天讓自己難過的事、經歷的情緒以及新的決心，當時我不知道這其實就是「表達式寫作」。當下沒能察覺的還有另一件事，那就是寫日記那天我總能睡個好覺。

問題在於，我原本是幹勁十足地想著「好，現在來整理一下心情，然後讀韓國史讀到通宵！」所以先寫了日記，但卻常在寫完後的十一點多，就直接趴在桌上或鑽進溫暖的被窩直到隔天早上。從床上醒來時，我總會踢開棉被崩潰地衝到客廳去問，是誰讓我躺到床上去。接著奶奶便會說：「哎喲，是我讓妳躺到床上的，看妳趴在桌上睡，奶奶好心疼。」於是我也只好摸摸鼻子上學去了。

這麼命苦的我能夠熟睡，表達式寫作功不可沒，雖然搞砸過幾次考試，不過還是能在情緒不太受影響的情況下，撐過那段艱困的時期。

高中畢業三十多年後，某天我在整理行李準備搬家時，發現自己高三時寫的日記。我讀了前幾頁，就把喝進嘴裡的咖啡噴了出來，內容令人無言且哭笑不得，大致是這樣：

「今天又搞砸考試了，好想死。拜託，如果是我不懂的題目就算了，我昨天複習時還畫線打星號，竟然還錯？真是有夠蠢。真的好想死……但都錯成這樣了，最後一次重要的考試絕對不能錯。反正答對這問題的人也沒排進全校前十啊。明天又是全新的一天，加油吧！」

「真的好想死」這句話後面還有淚痕，顯然當時的我是真心難過。過去我一直自豪高三時已經很成熟，沒想到只因搞砸考試就想死，實在是很愚蠢啊。不過，我認為正因當時這麼幼稚地發洩情緒，才能好好地整頓心情。表達式寫作不是要給任何人看的，這可以是一場幼稚的華麗饗宴，因為這樣才能好好排解情緒。然後要記得，盡量在最後寫一句好話，一定要是能讓自己再次站起來、充滿希望的自我對話。

往後，再回頭去看當時迫切的情緒，會覺得那是多麼不重要，甚至有些啼笑皆非。憂鬱時所感覺到的情緒，雖然會讓當下的你感到整個世界沉重無比，但未來再回去看，就可能變得如羽毛一般輕盈。

諮商師在為曾經嘗試自殺的人進行初次會談時，一定要確認個案是否有再度嘗試自殺的危險性。而我遇到的個案，都異口同聲地說「絕對不會再嘗試」，原因之一是歷劫歸來後必須承受強烈的身體疼痛。借用一名個案說的話：「失去意識前的那一刻，我想著不該是這樣……我犯了一個很大的錯。」後悔的情緒實在太強烈，讓他絕對無法再做這種事。憂鬱時感受到的情緒，很可能類似我高三時曾經歷的情緒，來自大學入學考試的龐大壓力，那種憂鬱是真實的，是一種無論做什麼決定都不會讓人滿意的情緒。

所以，讓我們像父母教導孩子一樣，好好勸導你的情緒吧！好的父母無論再怎麼重視孩子，在做重要決定時也不會完全順著孩子的意，我們也應該用這種方式對待情緒。

✚ 溫柔勸導後，情緒就會在不知不覺間放鬆警戒，笑著為整個狀況畫下句點。

心靈管理的「黃金三天」

心靈藥師最大的優點，就是可以早期介入。至於早期介入的標準，是幾個小時還是幾天呢？

若想甩開憂鬱重新站起來

偶爾憂鬱一、兩次，不會發生什麼大問題。因憂鬱症而產生自殺念頭的人，症狀也是在不知不覺間出現，不是某天睜開眼就被海嘯般的憂鬱感襲捲。所以，如果能及早開始心靈藥師的工作，就能充分阻止問題惡化。

當然，有些症狀即便長時間持續著也屬正常範圍，例如承受龐大壓力後六個月內出現的症狀，就屬於正常的情況。嚴格來說，必須是幾乎每天都持續感到憂鬱、對事物失去興趣或感受不到樂趣、體重有巨大改變、失眠或嗜睡、焦躁、疲勞或沒有活力、感覺自己沒價值或產生不合理的罪惡感、思考能力或專注力低下、開始思考死亡等症狀，且持續兩週以上，才會被診斷為憂鬱症。

雖然這個標準不適用所有人，將人的心理狀態以兩週、六個月這種長度切分也不太合理，但我們還是必須知道這個標準。以憂鬱狀態度過兩週後，你的痛苦可能一週又一週地延續下去，如果症狀像這樣持續著，就必須採取必要措施。憂鬱感一開始就像一場小雨，我們必須在它變成暴風雨前，抓準時機及早介入治療。

我不是保健專家，更不是美容專家，卻好幾次幫朋友解決排便不順或臉部肌膚的問題，方法就是抓準時機。有便祕困擾的人，大多是早上起得晚。人的生理時鐘會自然地促使我們在早上排便，如果睡太晚而錯過這個時間，腸子就會轉為儲存模式，進而導致便祕。有些人因此主張不該吃早餐，但若早起一點，就能兼顧兩者了。這裡所說的「早起」，是必須真的離開床鋪，而不是躺在床上睜開眼睛或坐著滑手機。起來做體操，或在社區裡繞一圈、下肢動一動，很快地就能收到來自下腹部的訊號。只要遵守排便時間，通常就不會有嚴重的便祕問題。

抱怨膚況不好的人，則多數比較晚睡。人的生理時鐘會在晚上十點後的睡眠時間裡讓皮膚細胞再生，如果這段時間還醒著，就會錯過皮膚修復的時機。不過活在現代社會，十點上床睡覺幾乎不可能，所以變通的好方法是十點前一定要梳洗，或是回到家後盡快梳洗。回到家不洗臉，頂著一整天在外沾滿灰塵的妝躺上床，甚至還一邊配炸雞、啤酒，一邊看影片到凌晨才睡，那怎麼會有乾淨的皮膚呢？而通常這類人最常觀看的影片，就是「保證擁有女神般光滑肌膚的化妝品」。應該要盡快洗臉，然後吃一點東西墊胃，或乾脆不吃早早上床睡覺，只要這樣三天就能感覺膚況變好。

我覺得抓準時機這點，對鼻炎也很有效。鼻炎的原因很多，其中一個就是寢具上的塵蟎，所以我會定期洗被子。推薦方法是用攝氏六十五度以上的水清洗寢具，然後再放在陽光下曬乾；不過這麼做的話，必須選擇百分之百純棉的被子。雖然純棉比混紡來得貴，但與花在鼻炎治療的費用及所受之苦相比，花錢買被子划算多了。懸浮微粒較多、空氣品質較差的日子，我會把用過的棉被裝在洗衣袋裡放一下，再拿先前洗好的棉被出來替換；我總是準備好乾淨的備用被子。近來也流行使用烘乾機，大家可視個人狀況做選擇。

不過切記，曬在陽光底下有自然殺菌的效果，是最好的方法，烘乾機就無法讓棉被有陽光曝曬的味道。蓋上經過陽光充分曝曬的棉被，還會讓人想起小時候在外跑跳的感覺，不知不覺間露出微笑呢！

話題稍微偏了。總之，我認為心靈管理的黃金時機通常是三天，例如今天在公司被上司罵了，第一、二天可以一如既往，不過盡可能吃點美食、去 KTV 高歌一曲或是看場電影來轉換心情。

如果心情不好的感覺持續超過三天，那心靈藥師就要開始工作了。一再回想那些讓自己心情不好的事情，固然可能讓難受的事烙印在心裡，但如果不解決問題，反而會使血清素枯竭。就像吃核桃時，我們只吃中間的果實而把外殼丟掉一樣，遇到壓力事件，也只要將現實上能解決的部分留下來，剩餘的就讓它快點離開吧。好比我們常說的「跌倒後拍拍身上的灰塵再爬起來」，其實就是這個意思。

防止壞情緒的過度記憶

之所以說不要超過三天，是因為如果壞情緒持續三天以上，我們想捨棄的東西，就會從短期記憶轉換成長期記憶了。如果是背英文單字，那轉換成長期記憶是件好事，因為當天學的過一天就會忘掉百分之七十，三天內更會幾乎全部忘光，所以必須在今天結束前複習一次，三天過去前再複習一次。這是擅長記憶的人所分享的方法，他們也建議三十天後可以再複習一次，不過我們一般都認為，三天就是短期記憶轉換成長期記憶的重要時間點。

進入長期記憶的東西，表示對你來說非常重要。英文單字能幫你成功，所以我們自然要努力使它成為長期記憶，但負面想法和情緒呢？為了保護你從此不再經歷壞事，的確必須記住負面想法與情緒，但越是如此，血清素就越是減少分泌，所以絕對不能記得太多負面想法和情緒。

倘若你睡前回想白天發生的壞事，隔天醒來繼續為這些事哭鬧折騰，第三天甚至為此借酒澆愁，那就無法保障自己的心靈健康了。背英文單字時，我們不會把英文課上發生的壞事也一起記住吧？切記，只吃果實，也就是只把失誤或錯誤當成教訓就好，剩下的就在三天以內放下吧！接著讓我們一起來看看，如何不在意這些事情。

其實，多數時候負面事件根本不需要等三天，幾乎在發生當下就會進入長期記憶。尤其是越受傷、感覺越受侮辱的事，記住的速度就會越快，也越不容易忘記。由此可知，負面事件即使不努力也會本能地記住，那麼如果繼續在意這些事，就會造成「過度記憶」的現象，而過度記憶的負面情緒，只會擾亂你的大腦。

這裡說不要超過三天，不是要你在三天內完美解決問題的意思，而是你必須去決定是否要持續思考、在意這件事，還是只把重點抓出來、不去煩惱多餘的問題。當然，不過度操心是重要的，但我老實說，生活中肯定也有一些即使必須操心三十天，我們也想追究到底的重要大事。

我們說用三天的時間，防止那些使自己心情不好的事變成長期記憶；其實，如果持續觀察一件事三天，狀況自然就能稍獲改善了。假設有人對你說了些難聽的話，你可以試著放三天別去管。第一天你會產生幾近憎恨的情緒，但到了第二、第三天，情緒便會漸漸消退。由於負面情緒通常會在第一天達到高峰，所以如果在這天跟人大吵一架，就可能會使關係更加惡化。

有一位個案，每次都會在太太說些難聽話時立刻回應，我便建議他採用這個方法，他也願意嘗試，努力忍住想回嘴的衝動。到了第三天，他居然開始想著：「太太今天怎麼這麼晚還沒回來？」、「啊，我現在竟然還會擔心她比較晚回來了嗎？」這不是懷疑太太這麼晚不回家跑去哪裡的心態，而是更接近對太太人身安全的擔憂。雖然這種擔憂瞬間讓他對自己感到不以為然，不過他也以這次的經驗為契機，度過了史上最驚險的婚姻危機。

走筆至此，我想一併解釋一個誤會。有些人會誤解「不要繼續在意」這句話的意思，所以會反過來認為，透過心理諮商長時間探討特定問題，不就讓傷口無法痊癒？這的確是一部分人們對心理諮商提出的批評，但希望各位讀者能記得，這本書是為了早期介入與自我治療而寫的，所以「介入者」與「治療者」都是你自己。

身為一般人的你，想解決特定問題就應該盡快甩開那個問題，然後不要繼續在意枝微末節。不過，如果是接受專業心理諮商，那狀況就不太一樣了。接受專業心理諮商，表示你心裡已經留下一定程度的傷，所以即使要花很多時間，也應該想辦法讓這些傷痊癒。如果不好好處理這些傷，只是草率地縫合，反而會更加危險。

我們都是天生的醫師，如果感覺消化不良時，一開始會捏捏手、喝喝熱水、嘗試斷食來自我治療，但要是症狀持續下去，最後還是得找專業醫師接受診斷，甚至要照腸胃內視鏡才行。專家之所以是專家，是因為你需要也應該跟著他一起長時間探討自己受的傷。

早期介入的成功指標，不是心如止水的狀態。事實上，想法與情緒就像不停起落的潮水，即便你順利「安撫」了一陣浪潮，下一陣很快就又來了，所以會感到無力也很正常。畢竟我們無法止息地球上的任何浪潮，也無法停止如浪潮般的想法。

幸好，我們多少都了解在面對浪潮時，該如何保持平靜的方法。前幾年我去江陵海邊，曾對沙灘產生深深的迷戀。浪打上來時，沙灘看似短暫被浸溼，但當海水瞬間退去後，沙灘又恢復原狀。我看著沙子想了好久，那看似柔軟、脆弱的沙子，怎能如此堅強？

我們也應該努力讓自己變成那樣。雖然無法控制來來去去的想法，但要盡量不讓自己被吞噬。就像所有浪潮都會在退潮時短暫停歇，讓沙灘得以稍事休息一樣，你肯定也會迎接平靜的退潮時刻。

我相信這裡寫的方法對陷入憂鬱情緒者必定有幫助，不過我還是想強調，早期介入的目標，不是在精準解決問題，而是避免狀況繼續惡化，好讓你不要放棄自己，能夠繼續過你的生活。當你發現自行介入也無法解決問題時，就一定要去接受正式的治療，因為讓自己好好活下去，是我們必須守護的、最重要的一件事。

我認為我們每個人，都是構成宇宙的光芒。布滿夜空的耀眼星星，在我們眼中彷彿一顆顆彼此相鄰，實際上它們之間距離幾億光年。正是它們在各自的位置上發光，宇宙才得以維持；若其中任何一道光芒消失，宇宙的座標就會扭曲而無法發揮正常功能。所以，我們才要用盡全力，讓各自的生命發光。

✚ 把失誤或錯誤當成教訓就好，剩下的就在三天以內放下吧！

Chapter 3

每天都可服用的幸福處方箋

「眞是好方法，似乎也很有效，但我實在沒那個力氣嘗試。」
把心靈管理法分享給憂鬱的人，經常會聽到這樣的回應。
即便是好方法，也沒辦法讓他們付諸實行。
這讓身爲諮商師的我覺得需要反省。
當我告訴個案「現在雖然辛苦，但很快就會好轉」時，
是不是等於要他們接受幸福是一件只存在於遙遠未來的事？
即使明天就會收到十袋米，但現在沒半把米能果腹，那也沒任何用處。
對憂鬱的人來說，今天這一把殷殷期盼的白米就是「喜悅」。
縱使要花點時間才能獲得完整幸福，但我們可以先創造出一點點喜悅。
這樣就能像幫浦引水一樣，湧現做好心靈管理的意志力。

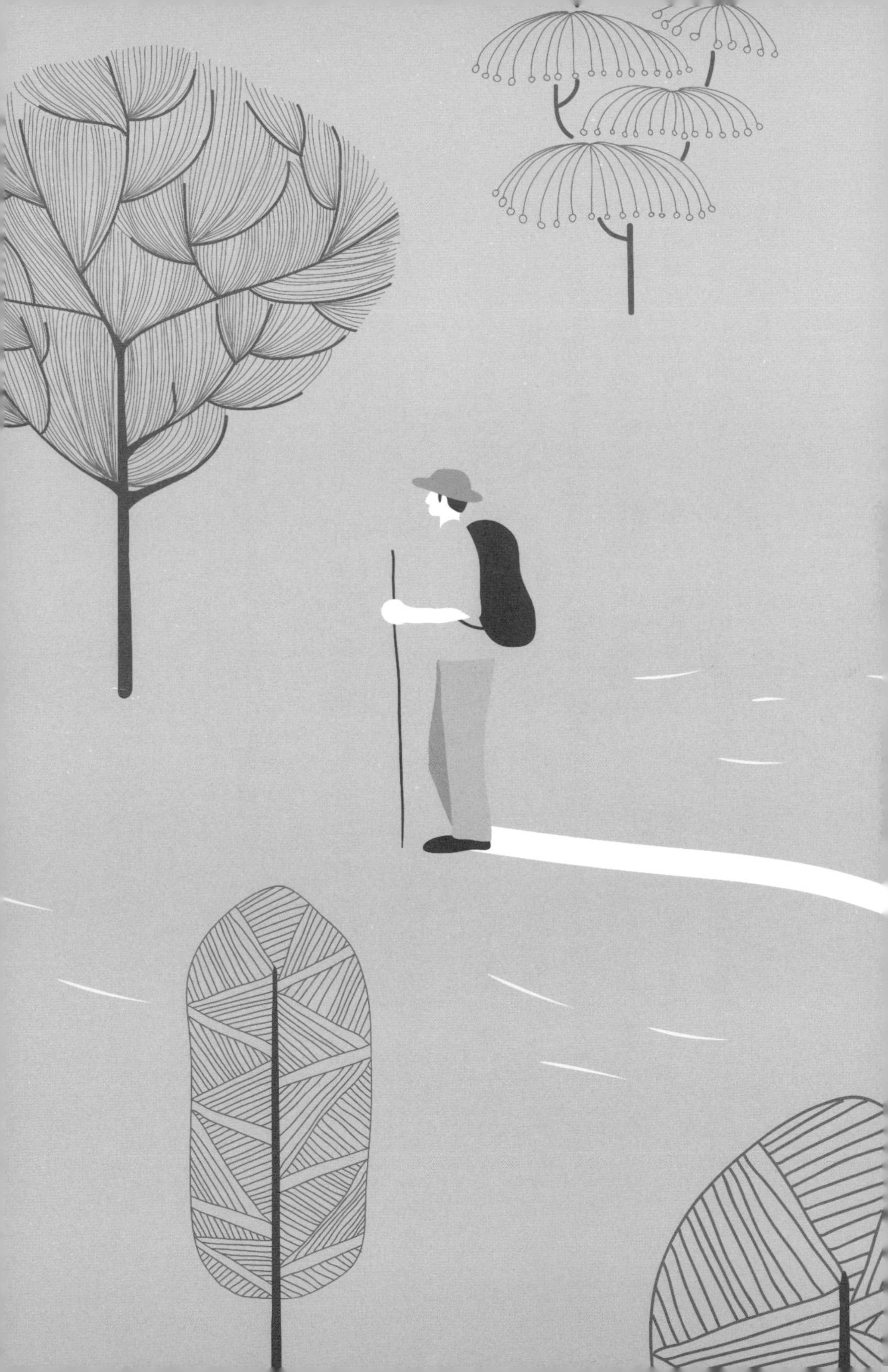

先創造一瓢快樂

伊莉莎白・吉兒伯特（Elizabeth Gilbert）的自傳式散文《享受吧！一個人的旅行》在全世界賣出上千萬本，並改編成電影獲得眾多喜愛。除了故事為人熟知，這部作品也讓世人發現克服憂鬱症是戲劇性且有趣的過程。

住在紐約的她，因與先生不合而長期受憂鬱症所苦，症狀逐漸加劇使她甚至出現自殘傾向。身為自由創作者，她以工作的名義前往義大利，與事前擔心的狀況截然不同，她到了義大利後品嚐美食、遇見帥氣的男性，時而感受到友情、時而體會到愛情，過著相當愉快的生活。書中講述義大利遊記的第一部裡，她坦承被義大利文課堂上認識的帥哥親吻非常開心。此後她又到印度、印尼旅行，感覺自己已徹底擺脫憂鬱，心靈上也變得更加成熟。

起初她自己也很好奇，在如此絕望的狀況中要如何找到幸福？於是開始以文字記錄並分析。其中，她寫下自己在前往印度前曾短暫停留西西里島的事，那是一個非常有趣的故事。在政治十分腐敗的義大利，西西里島是個黑手黨猖獗的破敗之地；在這裡，唯有美麗是能夠信賴的美德、唯有一頓飯是眾人肯定的價值。

不過她認為，是「享有喜悅」這件事，幫助西西里島的人們維持品德，而這最終也幫她找回自己的尊嚴。在這個被譽為料理天堂的國度，她每天都在煩惱該吃什麼，絲毫沒時間去思考與先生不合的問題，甚至根本不會想起先生這個人。

前面我說，我們要先創造一瓢快樂，而所謂的「創造一瓢快樂」，我認為只要像吉兒伯特這樣「享有喜悅」就好。不過問題是，我們知道享有喜悅是脫離憂鬱症的好方法，卻不容易擁有這樣的機會。吉兒伯特在該書十周年紀念版的序文中也承認，自己可以在一年內去這麼多地方，真的是運氣好到自己也驚歎不已，並認為各界對本書的批評也是來自這少見的「特權」。

這麼說來，曾經紅極一時的《艾克托的幸福筆記》，也是描述一位精神科醫師關閉自己的醫院出發去旅行的故事。當時在書店看到那本書的我，處在相當憂鬱的狀態，當下不僅扭曲地想著「如果能辭掉工作去旅行，我會不幸福嗎？作者運氣還真好」，更傲慢地翻了幾頁後就將書放下。我想，批評吉兒伯特的人，應該也是這種心情吧？

來，我們不要再嫉妒別人的幸福，我們來去尋找不用去義大利、峇里島、巴黎也能獲得幸福的方法吧！去除「旅行」的表象後，會發現上述這兩位作家都脫離了壓力環境，遇見新的人、吃了美食，尤其是吉兒伯特還認識了心靈導師，我們可以仿效這部分。如果能量已經見底，沒有餘力遇見新的人、認識心靈導師，那也可以在家使用前面學過的「轉換注意力」技巧，隨時將你的注意力轉往愉快的地方。方法很多，而我推薦的是製作「愉快活動目錄」，然後一一去嘗試目錄上列出的內容。

你可能會想，居然只是要做「愉快活動目錄」？如果你已經開始感到洩氣，那我想再聊聊吉兒伯特的事。吉兒伯特在另一本自傳式散文《創造力》中提到，《享受吧！一個人的旅行》出版後雖受到各方讚賞，但也受到相應的批評。在作者簽書會或出版社舉辦的聚會上，許多人都跟她說自己也想寫一本這樣的書，只是錯過機會感到很可惜。她說，雖然當下她尊重並接納這些人的回饋，但心裡想的卻是：「那你怎麼不早點寫呢？」

懷疑愉快活動目錄的效果嗎？《享受吧！一個人的旅行》書中描述的「吃」、「禱告」、「愛」，不也都是極其平凡的事情，但仍然賣出上千萬本不是嗎？所以，立刻付諸實行吧！千萬別讓他人有機會反問你「怎麼不早點做呢？」

我曾經為了做到愉快活動目錄上的「看電影」，而蒐藏「死前必看的百大電影」清單。現在有很多標榜「百大」的電影清單，如果你在愉快活動目錄上寫了看電影，就可以搜尋參考。憂鬱時的我，曾花了兩天的下班時間看電影，接著漸漸改成兩星期一次、一個月一次，後來甚至有過三個月內從沒看電影的紀錄。我甚至覺得再這樣下去，或許到死前也無法把百大清單看完。不過託這些電影的福，我也找回了自己的活力，現在不用太依賴電影也能過得很好，真的非常感謝電影。就像我的經驗一樣，我相信讀者們也能用這個方法收到不錯的成效。

✚ 立刻付諸實行吧！千萬別讓他人有機會反問你「怎麼不早點做呢？」

你在做什麼事的時候心情最好？

其實，光是想著這個問題，就會讓人感覺心情變好。所以，現在讓我們來製作「愉快活動目錄」吧！請參考以下範例，並用你自己的方法製作就好。

製作愉快活動目錄

1 想一想，你在做什麼事的時候會感到心情愉悦

2 將想到的內容寫在紙上。例如：看電影、聽音樂、喝咖啡、吃美食、跟朋友聊天、旅行、睡覺、洗澡、帶小狗去散步等，建議至少寫五十個

3 將寫出來的內容進行愉快程度的排序。例如：第一名是旅行、第五名是看電影、第五十名是帶小狗去散步等，一一排序

4 將目錄漂亮地裝飾一番，張貼、擺放在容易看見的地方，或存於智慧型手機裡

5 心情不好時，建議從愉快活動第五十名開始做起。如果心情沒什麼改變，就從第四十九、四十八名依序往上做，不過也不須太執著於順序，直接做前十名的事情也可以，放輕鬆最重要

之所以要從第五十名開始做起，是因為這能讓人有一種銀彈充足的感覺。想像你現在突然多了三萬元，把這筆錢放進錢包裡，腳步肯定無比輕盈。走在路上突然想喝咖啡了，你身上雖有可以喝一百五十杯星巴克最高價咖啡的錢，但你決定買便利商店的咖啡，坐在陽光和煦的公園長椅上邊喝邊享受悠閒；看著手持星巴克咖啡路過的人，還會忍不住笑出來。建議從第五十名開始做，就是為了讓你感覺「我身上可是有三萬呢」這種心情。

如果心情沒變好，也還有四十九個活動可以嘗試，仍然令人心動。實際嘗試後就會發現，試不到十個心情就變好了，所以不必真的列到五十個，只列十個也好，總之先嘗試製作目錄吧。

如果想更有效運用這個方法，那就分頭製作「在家也能執行」、「沒錢也能執行」、「獨自一人也能執行」等目錄，將目錄的用途細分。我推薦你可以製作上述三種目錄，這樣無法離開家、無法和別人一起、無法花很多錢卻感到孤獨的時候就能參考。

最重要的是，如果這項愉快活動需要花很多錢，也可能會成為另一個壓力來源。很多人會將「花一年環遊世界」等需要花費大筆金錢的目標，列在這份目錄的第一名。當然我自己也把這件事列在第九名，所以看到有人真的勇敢辭去工作，花上很長一段時間環遊世界的報導時，總會覺得那人彷彿去了其他行星一趟，精神品質提升了一個階段，靈魂看起來也非常乾淨，顯得無比幸福。因此，如果時間允許，非常建議大家去一趟短短的旅行。或許你會希望新聞報導裡那個勇敢的人是你自己，不過我還是想跟大家說，很少有人會為了治療憂鬱而投入所有財產去環遊世界。

還有一點必須注意，那就是無論再怎麼開心，都不能花太多時間持續從事這些活動。因為當大腦習慣後，你會很快感到厭倦，所以如果持續從事這些活動太久，反而會使快樂強度下降。也就是說，如果因為今天壓力很大，就一口氣看兩、三部電影的話，效果反而會不好。希望各位看完一部電影就去做做家事，過三、四個小時後再回來看別的電影，或是去做點其他事情。

許多青年朋友在從事可以預防憂鬱症的「愉快活動目錄」時，容易持續到通宵，但這反而使他們更容易感到憂鬱，因為執行的時間太久了；並且，他們關注的比較不是自己是否快樂，而是更關注他人的快樂。當然，看到其他人過得快樂，自然能讓人感到微小的快樂，但這之中真的只有快樂的成分嗎？

看到其他人在社群上分享自己的生活時，你可以試著反問：「我真的過得很快樂嗎？」看電影或連續劇時，我們都知道主角是虛構出來的人物，不過網路影片的主角就像我們的朋友，也可能真的是生活中的朋友，自然會觸發真實的自卑感。

人們上傳照片或影片到社群平台時，通常都是上傳自己最愉快、最幸福的時刻，也就是會上傳一些令人稱羨的內容。而看到這些內容的人，會誤以為那些人整天都過得很幸福。即便是將死之人，拍攝要上傳到社群平台的照片或影片時，也可以露出最開朗的笑容。

韓國有個跟天堂有關的笑話。加百列大天使負責將死後進入天堂的人分類，他看見一群帶著笑容的人，便想著他們應該就是自己在找的義士，於是開心地上前迎接。後來才知道這些人都是韓國人，他們在被雷劈中之前，正好喊出「cheese」準備拍照，所以臉上才會一直帶著笑容。這告訴我們，別被他人照片中的笑容迷惑，不如花時間去吃點美食，做一些以自己為主角、能讓你快樂的事。

從事愉快的行為心情自然好，只要不去思考會讓自己心情不好的事就行了。曾有一位剛考完大學入學考試的高中生，花了一整天去看這段時間錯過的電影與連續劇，接著卻突然感到非常無趣，變得十分憂鬱。這就是前面說的狀況，因為看了一整天，愉快的效果反而減半。不過那天是聖誕節，這名學生平時也沒什麼朋友，所以他的憂鬱也可能是其他原因造成的。

「你看影片時有什麼想法呢？會產生大家都約出去玩，為什麼只有我在家這類想法嗎？」

學生坦承：「沒錯，我就是這樣想。然後我就開始覺得影片很無聊。」聖誕節獨自在家做些愉快的事，在調適心情的效果上有其極限。這時我們就應該改做些其他事，例如做菜、購物、跑步等等，讓身體動起來，更積極地轉移注意力，這樣可以減少負面想法冒出頭的機會。

如果能進一步回應那些讓人不愉快的想法，那就更好，例如：「聖誕節一定要跟誰見面才會幸福是種刻板印象。在聖誕節吵架分手的情侶這麼多……尚民也說他去年聖誕節跟女友分手，過了一個最糟的聖誕節，他甚至說那是他人生中最糟糕的一天。不如去江南地區花點時間排隊，買一小塊昂貴的紅絲絨奶油起司蛋糕配奶油拿鐵，送給最特別的自己，買回家再來看電影。」如果能以這樣的態度來面對負面想法，你肯定能豁然開朗。

就算不買蛋糕，也可以挑選在「愉快活動目錄」上的食物，這樣效果會更好；因為對某些人來說，炸雞或辣炒年糕反而比蛋糕更療癒。相反地，如果你心情非常亢奮，整個人像要飄起來的話，那就做一些能讓情緒穩定的活動，例如畫畫、寫作、玩數獨、玩填字遊戲、做皮拉提斯、做瑜伽等。

不必因為這份清單叫做「愉快活動目錄」，就只寫一些「很快樂」的內容。世上有許多能讓人心情暢快、感到平靜的活動，其實「令人平靜的」愉快活動，最能促進血清素分泌，我反而不贊成那些會把快樂指數大幅提高的高強度活動。雖然從事那些活動能立刻感到快樂，但久了便會產生耐受性，之後就比較難再找到令你感到愉快的事。

此外，也不能做一些短時間可以感到快樂，但未來會非常後悔的事。判斷的標準是，思考一下你想做的活動整體來說是否夠平靜，你就能知道究竟適不適合放入目錄中。例如暴飲暴食、吸毒等，都是未來會讓你後悔的事情。

前面提過的凱洛．哈特提供了一個令人開心的好消息，那就是其實只要你開始動作，就能促進血清素分泌，所以即便因為憂鬱而只想躺著，也應該站起身來動一動促進血清素分泌，例如去餵魚；若是做一些自己喜歡的事，那效果就更好了。

神經心理學家主張，大腦並非固定不變，只要我們改變生活，大腦也會跟著改變。你的小小行動可以改變大腦的線路配置，既然如此，不如經常做些自己喜歡的事，改變憂鬱大腦的線路配置吧！

✚ 你在做什麼事的時候心情最好？光是想著這個問題，就會讓人心情變好。

讓快樂翻倍的「多巴胺魔法」

從事喜歡的活動固然能讓心情變好，但唯一的副作用就是會變得非常討厭做那些不太愉快、不太想做的事。其實，把不想做的事跟愉快的事參雜在一起，反而能使快樂倍增。

這讓我想到自己的親身經歷。雖然不知道俄羅斯方塊何時被引進韓國，不過我是在讀研究所時第一次接觸到這款遊戲。當時八位元電腦的時代步入尾聲，十六位元的電腦逐漸普及，除了極少數的情況外，多數人都會使用實驗室裡的公用電腦。當時有人在實驗室的電腦裡裝了這款遊戲，讓我也親身體驗到遊戲的樂趣。

問題是我完全不知道自己會被這款遊戲迷住。本來只想玩玩看，沒想到睡前躺在床上時，還能看見方塊出現在天花板上；而打開電腦後的第一件事，得先去玩遊戲才有辦法做原本想做的事情。就這樣過了一個月，我開始產生危機意識，覺得不能再這樣下去，因為我必須寫碩士論文，實在不能每次都花幾十分鐘玩遊戲，還得看排隊等著用電腦的人臉色。後來，我找到一個替代方案，那就是把遊戲當作讀完兩篇英文論文的獎勵；結果沒想到，這個方法意外地使樂趣加倍！

尤其在論文快讀完前所感受到的喜悅真的非常巨大，而且想趕快玩遊戲的心情也讓我處理事情的速度加快許多。像這種把不想做的事安排在愉快的事情前面，是非常有效的方法。我使用這個方法，採用「今天看完三篇論文後再玩遊戲」、「今天要完成序論後再玩遊戲」的方式控制自己，最終順利完成碩士論文。

簡言之，當你感到憂鬱時，一定要做會讓自己愉快的活動，但絕對不能忽視生活。你必須兼顧日常生活，愉快的事情偶爾做一下就好，才會真正感覺到樂趣。更好的方法就是像我一樣，先把不想做的事做完，然後再以給自己獎勵的方式去做愉快的事。

雖然有點離題，不過俄羅斯方塊讓我發現自己不為人知的一面。多虧了這個遊戲，我發現自己非常容易遊戲成癮，所以現在無論是電影、連續劇還是音樂，任何訂閱制的娛樂平台我一概不加入。即使要多花一點錢，我也寧願在自己想要享受的時候再付錢，因為我不想再透過這種方式一再確認自己容易對某些事物上癮；況且，想要時再付錢享受，反而能感受到更大的喜悅。

不會有人明明能吃頂級韓牛排餐，卻反而選擇吃進口的牛肉漢堡排。加入訂閱制的娛樂平台，容易因為覺得已經付了錢而耗費許多時間黏在平台上，這不僅會讓自己沉迷其中，更會使大腦失去生機。你曾在連續看兩、三部電影後照過鏡子嗎？你會發現自己變成沒有靈魂的喪屍。那不是讓眼睛閃閃發光的喜悅，反而像是喝了過度發酵、酸到令人忍不住皺眉的蘋果汁。

前面提到，論文快要讀完時的喜悅十分巨大，當時我以為那份喜悅是因為馬上可以玩遊戲的期待感。後來才知道更重要的是，在「完成」一件事的時候，大腦會分泌「多巴胺」。

多巴胺是能製造快感的神經傳導物質，能夠喚醒喜悅與幸福感。每當學到一項新知識或一件事情即將結束時，大腦都會分泌多巴胺。寫論文的過程中若學到新知識，並於當天完成該寫的分量，我的大腦就會分泌多巴胺；再加上可以玩遊戲的喜悅和獎勵，我感受到的快樂就更加巨大了。

還有一個好消息，那就是一旦大腦形成這樣的迴路，往後大腦就會自動以這個模式運作。也就是說，你會越來越能夠把玩遊戲這件事推遲，並且更能增加論文的閱讀量或寫作的分量。當時我還自命不凡，覺得自己是個很有自制力的人，後來才知道這其實都是多巴胺的魔法。

遺憾的是，憂鬱症患者少有「完成」某件事的經歷，所以無法享受這魔法般的力量。再小的事情都沒關係，先試著把事情做完吧！多巴胺不會管你是得諾貝爾獎還是打掃廁所，只要聽到「結束」兩個字，它們就會立刻開始分泌。如果能在那件工作後安排一件愉快的事，就可以更容易完成工作了。這裡再分享一個好消息，那就是多巴胺不只在工作結束時分泌，在計畫事情的時候也會分泌。光是「好，完成這件事之後，要從幾點開始玩遊戲」這樣一個計畫，就能讓人提早開始感到快樂。即使無法做完那件事也無妨，總之先從擬定計畫開始吧！

我認識的職業婦女，會在單身族群盡情狂歡的星期五晚上，把累積一整週的家事做完，據說有時還會做到半夜十二點甚至凌晨一點。接著，她們就可以展開與家人共度的夢幻週末，從星期六一早開始直到週日晚上。她們說，稍微對調一下做事的順序，這樣即使星期五做家事到很晚，也完全不覺得累。我想，她們顯然是接受了多巴胺的洗禮。

✚ 先試著把事情做完吧！多巴胺只要聽到「結束」兩個字，就會立刻開始分泌。

如何快點解決討厭的事情

人們之所以能先把要做的事做完再去玩遊戲，除了多巴胺的魔法外，還有「普立麥原則」的影響。這個理論由心理學家大衛・普立麥（David Premack）提出，主張「發生機率高的行為，會對發生機率低的行為產生強化作用」。

簡單來說，就是個人偏好的反應（行為），會強化相對不偏好的反應（行為），並增加行為發生的頻率。我喜歡的「玩遊戲」這個行為，會對比較不喜歡的「寫論文」這個行為產生強化效果，讓寫論文的過程變得更有樂趣。

普立麥原則至今仍是我生活中重要的原則之一。例如等炸雞外送時，我會去掃廁所；看喜歡的連續劇之前，會盡快把碗洗好等等。以前一想到要打掃就覺得會花上一小時，所以還沒開始就覺得好煩，自從使用這種方式後，只要三十分鐘就能結束。

憂鬱會讓人不想吃飯，更別說是打掃。這時不如設定鬧鐘，提醒自己愉快活動開始的時間，然後再去打掃跟吃飯。好好咀嚼，把飯吃完、把碗洗好後，就能迎接「It's Show Time」了！

仔細想想，我們的奶奶與媽媽在主婦生活中，都有一些小小的出口。雖然不知現況如何，不過以前國營電視台都會播放晨間連續劇，各家電視台好像事先約好一樣，會將連續劇播出的時間錯開，各自間隔三十分鐘，不會讓人看了這台就不能看那台，是相當人性化、以消費者為中心的設計。媽媽們挺著不時抽痛的腰準備早餐、餵飽並送家人出門後，就能一邊看連續劇一邊跟著劇情大罵「哎呀！這該死的傢伙！」享受專屬她們的快樂時光。連續劇播完後，她們稍微恢復精神，就會抓起電話跟朋友天南地北地閒聊，然後再繼續做菜、曬棉被、看看辣椒是否充分曬乾。等到太陽下山時，她們會累得渾身發軟，但因為晚上也有連續劇等著，所以她們又可以勤勞地打理家務，然後再次享受專屬自己的享樂時光。

我年輕時無法理解這種生活，但現在懂了，因為唯有這麼做才能撐過這疲憊的人生。沒辦法去百貨公司買套衣服、沒辦法去旅行踩點，甚至無法報名社區銀髮族游泳班的時候，這就是唯一能讓她們喘息的方法。

某次，一位朋友打電話來問我說：「我媽媽最近都不笑也不太說話，是否該去醫院看看？」我問她，媽媽有按時看連續劇嗎？她說好像有。於是我真心地告訴她：「那現在應該還OK，妳再問她有沒有心事。」

雖然憂鬱，但只要能顧及自己的享受時光，那麼就一定可以重新站起來。從愉快活動目錄上挑一件事出來，規畫好今天或明天幾點要做，然後設定鬧鐘吧！只要開始動作，血清素就會分泌，就能再次回歸正常生活。

如果已經這麼做了還是提不起勁，就試著用「漸進式原理」來採取行動吧。就是在執行目標的行為前，先去做一些其他的小事。例如不想丟廚餘時，就先把廚餘放在廚房門口；接著要去喝水的時候，就把廚餘稍微挪到玄關；最後出門買牛奶或是無法再忍受廚餘臭味的時候，再把廚餘拿出去丟。

試著把「憂鬱到好轉」的過程分成一個一個小階段，並請求家人的諒解，再慢慢推進自己的生活。這個原理在面對棘手事的時候也很有幫助，《涓滴改善富創巨大成就》這本書中，羅伯・茂爾（Robert Maurer）曾提到一位英國女性的案例。這位女士採納醫師建議，決定改掉一杯茶加四匙糖的習慣，最後雖然少加了三匙糖，卻實在無法不放入最後一匙。不過她並沒有放棄，而是開始一顆一顆減少最後那一匙糖，一年後她終於成功改掉這個習慣，當時她才四十五歲。只要減少砂糖攝取量、過起健康生活，她就還有大半輩子的時日可以活著。

不想運動時，就當成出門散步，試著跨出家門吧！只要答應自己一件事：散步時要放下所有對於自己的關注，並把注意力轉向外界事物。

希望這個過程中你能發現，即使在自己沒能去感受的這段時間裡，太陽依然耀眼、風依然涼爽、花依然以美麗的姿態在等著迎接你。希望你能知道，你依然「存在」於萬物之中，並非你自認的沒存在感；希望你能知道，沒有你的世界之所以繼續運轉，是因為在你沒餘力的期間，它們仍靜靜地守在原地等你。

若你跨出一步，有了想奔跑的念頭，那就試著向前跑吧！跑個三十分鐘就「結束」，大腦就會分泌多巴胺了。如果不想跑步，也可以轉身回家，因為光是走出門就已經開始分泌血清素了。一天五分鐘也好，別讓血清素完全不分泌。下次，試著讓整個世界好好運轉，讓這個運轉的世界幫助你。

✚ 如果提不起勁做事，就試著在執行前，先去做一些其他的小事。

在生活中累積血清素的方法

我了解讀到這裡的讀者有多麼辛苦，雖然我想盡量寫得簡單點，但這不是三言兩語能帶過的事。好好理解並付諸實行、回歸日常生活後，又有其他問題在等著我們。

取得專家證照前，研究所時期的我曾參加六天五夜的團體心理諮商培訓。那是一個心理學專家（諮商教授）與準心理學專家（研究生）聚在一起相互給予安慰、支持的場合，就像天堂一樣。也許是因為這樣的氣氛，我們彼此分享了許多深刻的感受，甚至還有人在培訓時認識對象並步入禮堂。

不過培訓結束回歸正常生活時，我卻發現那種彷彿領悟了什麼、想開始嘗試新生活的想法就像一場夢。回歸日常後，我反而覺得人生很悲慘，甚至能理解為何有人會沉迷於邪教。一般個案即使找到很合適的諮商師，至多也是一星期或兩星期諮商一小時，剩下的時間都必須靠自己撐過去。所以每次諮商時，我總會發現個案上次生機盎然的眼神變得陰鬱，得再花幾十分鐘才能改變。假如能縮短治療與生活之間的差距，復原就會更快，這也是我接下來要談的內容。

用一句話來說明本書的主題，就是「讓血清素好好分泌」。所幸，生活中有不少能促進血清素自然分泌的方法。藥物治療或心理治療，都是血清素分泌出問題時的處理方法，如果能讓血清素在生活中自然地正常分泌，那便不需要接受治療。

回想我過去陷入憂鬱的情況，我認為自己在那之前的生活可能出了些問題。但那時我以為是因為憂鬱，生活才一團亂，其實有可能是生活先出了問題，才導致憂鬱。

如果要簡短地定義「生活」，那就是吃、睡、工作。從結論來看，生活就是好好吃、好好睡、別勉強自己並愉快工作，這樣就能讓血清素正常分泌。甚至，光是把兩隻腳跨在桌上擺出「大老闆」姿勢，就可以促進血清素分泌了。所謂的「累積」血清素，是因為血清素分泌這件事不像吃藥，只靠一項活動就能發揮強大效果。吃、睡、工作等各項活動會各自以百分之十、十五等不同的分量累積血清素，共同目標是讓血清素的累積量達到百分之百。

生活中所有事物本來就會互相影響，睡得好就能吃得好，吃得好就能愉快工作。所以累積血清素並不困難，讓我們一步一步來了解。

家常菜讓身體變成「五星級飯店」

吃之所以重要，是因為血清素由腸道分泌，這也是近年才逐漸廣為人知的重要事實。研究指出，小腸裡的神經細胞跟脊髓一樣多，因此腸道又稱為「第二大腦」。

甚至還有學者主張，人體有百分之九十五的血清素由腸道分泌，若該主張正確，那麼大腦分泌的血清素只占百分之五。說得更誇張一點，改變想法的方向、創造正向的自我對話跟執行愉快活動目錄，與「吃得好」相比，都可能只是「微不足道」的小事。

不過實際上我認為大腦的貢獻更大，血清素的質比量也更重要。總之，你吃的食物確實左右了你的心情，而人在憂鬱時通常不太吃東西。過去總是認為不吃東西只會使人無精打采，但現在發現它會對血清素分泌造成影響，所以人真的是要「拚命」吃東西。

如果你問，想吃但沒胃口該怎麼辦？那我反問你，你真的連一根香蕉都吃不下嗎？色胺酸能促進血清素分泌，而香蕉就是富含色胺酸的食物。世上有許多食物富含色胺酸，香蕉是其中之一。

如今韓國人熟悉血清素這個名詞，都要多虧李時炯教授。他將個人著作命名為「做血清素吧！」，讓血清素這個專業用詞變成廣為人知的常見名詞。博士除了出版許多書籍、參加演講之外，也親自上教育節目製作「血清素果汁」，就是混合香蕉與蘋果的一種果汁。如果到 YouTube 上搜尋「血清素飲食」、「色胺酸飲食」，就能找到相關影片。精神科醫師、內科醫師、韓醫師、健康指導等專家都製作過許多影片，只要簡單看一下就能吸收大量知識。

你只要配合自己的健康狀況，從這些資訊中選擇適合你的食物，持續不間斷地吃就好。例如有糖尿病的人，就不能喝太多香蕉蘋果汁，可以選擇果汁以外的豆類、堅果類、魚貝類、乳製品等血清素飲食，這都是輕易就能找到的資訊，我就不一一列舉了。起司也是富含色胺酸的食物之一，前面提到的吉兒伯特，可能也是吃了西西里島「細如絨毛」的起司後，幫她逐漸擺脫憂鬱的低潮吧。

當然，不是只吃一種特定食物就能痊癒或變得健康，所以我還是要強調，飲食均衡才是最重要的。許多物質都與憂鬱症有關，我們只是特別注意到血清素而已。

如果用盡各種方法想解決壓力，卻仍然沒有起色，那不如先把精力放在健康的飲食生活，藉此恢復身體健康吧。更何況，什麼事情都不順的狀態下，身體肯定也傷痕累累了。

《長壽的悖論》作者史提芬・岡德里（Steven Gundry）曾說：「要把身體打造成有如五星級飯店的套房。」我認為這是個很棒的比喻，讓身體有如五星級飯店，並不是指要擁有出色的外表，而是指身體健康。他建議的方法主要是好好維持體內的微生物平衡，也就是維持腸內益菌的數量，這是基於腸道會分泌血清素的觀點而提出的見解。一般認為，腸道益菌喜歡的食物不是炸雞、五花肉等肉類為主的佳餚，而是以蔬菜為主的清淡飲食。

反正憂鬱時沒有做任何事的動力，不如就搜尋對身體有益的飲食資訊，一一試用看看吧。雖然這不是一件非常愉快的事，但跟造成壓力的事件相比應該愉快許多，也能轉換注意力，更能打發時間。

或許今天你的心情就像破舊的閣樓一樣糟糕，或是根本已經跌到谷底，但你依然可以把身體打造成五星級飯店。此刻做的事情不順利，之後再找時間繼續做就好，畢竟未來還有很多需要一決勝負的事情在等著你。

我尤其想向青年朋友說，越是困難、越是痛苦、腦袋越是無法運作時，就越要挑戰自己做菜。反正跟朋友去吃大餐也會讓你有壓力，那不如自己在家準備白飯、海苔、泡菜、鯷魚跟煎蛋，這樣就能解決一餐。

只要能堅持為自己準備三餐，就能好好維持健康。外食無法避開味精，而這些食品添加物被證實容易導致神經發炎；近來，神經發炎更是腦科學家關注的憂鬱症成因之一。

我雖然不算會做菜，但我自己的料理完全不添加味精。某次與朋友一起去一間號稱「使用天然肉湯」的冷麵名店用餐，我舀了一口冷麵的湯來喝，覺得實在太好喝了便立刻豎起大拇指，還催促朋友快點來嚐嚐。這湯頭美味到我喝第一口就忍不住讚歎「也太好喝了吧」，連不吃味精的我都讚不絕口的滋味，或許就是眾多外食餐點的美味祕訣。

跟我同行的朋友不僅擅長料理，更是一位天然飲食專家。基本上他不常外食，只有在聚餐時才會不得已挑選不添加人工調味料的餐廳；不過據他所言，很少有不加味精的店家。總之，他跟我不一樣，是個味覺極其敏銳的人，於是我問他「湯頭還可以嗎？」他回我說：

「嗯，真的很好喝，味精的確能讓食物變美味。我已經認定外食肯定會吃到人工調味料，畢竟花大錢卻吃到難吃的食物會讓人不開心。所以我在外用餐乾脆放開來吃，之後再吃一個月的家常菜來排毒。」

假如你因為就業不順而感到憂鬱，就到知名餐廳去吃個一、兩餐轉換一下心情，其他時間再吃自己煮的家常菜來排毒吧！每天做午、晚兩餐有困難的話，只料理晚餐也行。

家常菜還可擴大到「家常麵包」、「家常麵條」，煎蛋則可發展成蛋花湯、煎蛋捲、蛋絲等其他料理。當你開始會想著「乾脆放棄現在做的事，改行去做麵包好了！」、「不如拍個快速雞蛋料理影片上傳到網路分享？」的時候，你長期追求的目標就在不遠處等你了。我與朋友及學弟妹們，都是過來人。

一名學弟原本只是單純做菜，後來開始挑戰傳統的韓式藥膳八寶飯，更因為大受好評而決定開一間餐廳。他認為八寶飯不是麵食而是糯米料理，製作方式比年糕簡單許多，可添加的食材也有較多變化，是非常具有競爭力的健康輕食小點，於是開始著手規畫開店一事。沒想到就在這個過程中，拿到等了八年的教授職位。我想，鑽研料理而吃出了希望的他，是通過試煉、上帝的得意門生。

題外話，無論是我還是別人，遇到像這種會讓自己開始考慮「要不要改行做麵包？還是轉行賣八寶飯？」並且真的有機會付諸實行時，並不會感到雀躍，反而會很認真地思考：「咦？我當初選擇當教授是對的嗎？是不是去賣八寶飯反而會比較幸福呢？」人要做出任何挑戰前，總是必須好好整理自己的想法，提供給青年朋友們參考。

世上沒有比家常菜更療癒的食物。吃本來就是快樂的事，能夠快速轉移我們的注意力；從規畫到完成料理的過程中，大腦還會分泌多巴胺，可說是一舉兩得的好選擇。有些人會在洗碗時重新陷入憂鬱，這時不如請家人幫忙，或是洗完後吃個冰淇淋、看個電影來撫慰自己的心靈。如果廚房有多餘的空間，也可以趁著有人提議要送禮物時，請對方送你一台洗碗機。不過使用洗碗機，就沒辦法享受在喊出「洗好碗了」的瞬間分泌多巴胺的感覺。所以，即使沒人送你洗碗機也別太失望。

生理時鐘回歸正常的睡眠法則

熟睡並不如嘴巴上說的那麼容易，不過只要能過上規律的生活，熟睡其實也沒那麼難。觀察失眠患者的生活會發現，他們的作息不規律且變動很大。因此，不如試著起個大早曬曬太陽，白天盡量活動身體，並在正常時間吃飯、休息，盡量規律地完成白天的日常活動；這樣一來，晚上的身體功能就會恢復正常，也比較能熟睡。這其實是人體自然的規律，只要讓生理機能自然運作，血清素就會正常分泌。

即使晚上睡不著、過了正常時間才有睡意，早上還是應該起來讓自己看看白天的太陽，因為只要陽光進入視網膜，就能刺激血清素的神經。此外還有一個好消息，那就是白天活絡的血清素，到了晚上便會促進褪黑激素的分泌。眾所皆知，缺乏褪黑激素容易失眠，所以如果想睡得好，白天就必須好好醒來，這都是神祕的陽光、血清素與褪黑激素的作用。

睡眠專家常說，很多人經常抱怨明明身體很累卻「整晚沒怎麼睡」。其實整晚沒怎麼睡是假的，通常是因為頻繁做夢，或睡得不安穩而翻來覆去，使得當事人認為自己沒入睡。人一旦認為自己「睡不好」，隔天便會想盡辦法補眠，但我們應盡可能避免在白天睡覺，這樣才能恢復正常的睡眠節奏。

睡眠對精神健康之所以十分重要，在於睡眠不足會使壓力荷爾蒙皮質醇的數值升高。在《愈睡愈成功》一書中，雅莉安娜・赫芬頓（Arianna Huffington）提到，受睡眠不足影響的遺傳基因，有很大一部分負責處理壓力與免疫系統管理功能。她引用一份加州大學的研究，實驗內容是研究團隊以十二小時為間隔，讓受試者觀看會引發情緒反應的圖片並掃描他們的大腦影像。結果發現，在兩次觀看期間睡了一覺的組別，第二次觀看圖片時大腦產生的壓力反應較小，也就是說負責大腦情緒功能的杏仁核顯得較不活躍。這項研究的主持人指出，睡眠在處理情緒上扮演非常重要的角色，也為我們開啟治療情緒問題的大門。

若想熟睡，深呼吸是十分重要的。尤其睡前一小時若能停止與外界

若想熟睡，深呼吸是十分重要的。尤其睡前一小時若能停止與外界的溝通並深呼吸，就能對熟睡帶來很大的幫助。深呼吸有助於啟動熟睡機制，是因為深呼吸能促使副交感神經系統活躍，而副交感神經在壓力管理上扮演重要角色。因此，平時最好可以養成深呼吸的習慣。

在此不針對交感神經與副交感神經做深入介紹。簡單來說，交感神經負責興奮，副交感神經負責緩和；前者造成的興奮有助於我們快速處理壓力情況，但持續興奮太久反而會使身體功能整體降低，尤其容易影響免疫功能。不過，即使人們大多知道交感神經與副交感神經的作用，還是經常誤會這兩者屬於自律神經系統，是無法由我們自行掌控。

其實人類早在羅馬時代，就已經透過吟遊詩人學會控制這兩種神經系統的一些技巧。有時候我們雖然無法直接操控某些東西，卻能間接地造成影響。現在你可以試著想像，假設你是一隻老鼠，某天你遇見了貓，你的交感神經會立刻興奮起來，心跳加快並開始逃跑。跑了一陣子抵達安全之地後，你會開始大口喘氣，並咬一口起司然後笑出來，這時副交感神經會在不知不覺間啟動。

好，再假設你是《湯姆貓與傑利鼠》中的傑利鼠，牠是一隻會在湯姆面前嬉皮笑臉吃起司的老鼠——即使面對自己的天敵，傑利仍有辦法做到讓副交感神經持續活躍。當然，真正的老鼠在貓面前，絕不可能像傑利這樣，不過大腦精密程度比老鼠高數千倍的人類，只要下定決心，其實就能在面對壓力時像傑利鼠一樣泰然自若。只要深呼吸、露出微笑或是出聲大笑，副交感神經很快就會活躍起來，讓我們不被壓力壓垮。

其實就連假笑、硬擠出笑容等取巧的方法，也可以欺騙副交感神經。比起快樂的真實與否，副交感神經更在乎、更希望主人能維持心靈平靜。所以即使處在痛苦的狀態下，只須稍微深呼吸，你內心的憂鬱就會一點一滴地排出。每當面臨「湯姆貓」這樣的壓力時，可以像「傑利鼠」一樣露出笑容並深吸一口氣，試著把湯姆貓玩弄於股掌之間吧！

多做運動也能讓我們在白天正常發揮身體功能，並減少壓力荷爾蒙皮質醇的分泌，避免陷入緊張情緒，這樣就能進一步提升血清素的數值。此外，多做運動還能促進多巴胺分泌、創造新的神經元。別聽到運動就覺得壓力很大，其實重點在於有動到身體就好，例如簡單的散步也可以當成是運動；甚至還有報告指出，持續騎室內腳踏車就能讓大腦變得比較不憂鬱呢。

若是到室外曬太陽運動，則不僅能帶來加倍好處，更能促進身體合成維生素D，這點真的非常重要。近來維生素D與憂鬱症的關聯性，也相當受到關注。有些研究發現，憂鬱症患者血液中的維生素D濃度比一般人低；也有些研究指出，在大腦控制情緒的部位，發現了許多維生素D的接受器。不過最重要的，還是維生素D影響了血清素的合成，這也使得近期我們經常看見注射或口服維生素D的廣告。但是，透過曬太陽來獲得維生素D才是最方便、最沒有副作用的方法。

偶爾想做一些事但不順利時，我會出去曬個三十分鐘的太陽再回來繼續，這會讓我有種「身體製造了不少維生素D，今天已經達成目標」的感覺。如果必須先克服討厭出門的心情，我就會稱讚自己做了一件了不起的事。出門曬太陽不僅省下未來可能支出的醫藥費，晚上也可以睡得很好。

讓大腦重新開機的冥想與藝術

有些時候，我們會完全沒力氣去做任何一件累積血清素的事，但這樣下去只會讓自己難受。這種情況下反正也睡不著，不如閉著眼睛五分鐘就好——當然不只是單純閉上眼睛，而是要擺出盤腿的冥想姿勢。

用這個姿勢閉上眼睛五分鐘，會感覺疲憊消失、大腦變得清醒。雖然有專家認為五分鐘不能算是冥想，但從「在生活中實踐冥想」的角度來看，這五分鐘已別具意義；畢竟有些人在嚴重焦慮時，連冥想五分鐘都做不到。這也告訴我們，僅僅是閉上眼睛，就已經是非常主動的改變。冥想是現在廣為人知的心性鍛鍊法，市面上已有眾多書籍和應用程式提供相關資訊，在此介紹冥想種類與方法無異是浪費時間。總之，一般來說，正式的冥想會長達四十至六十分鐘。

腦科學研究結果每天都在更新，目前我們知道，即使每天只冥想二十分鐘，只要連續做八個星期，都能使引發負面情緒的杏仁核變得較不活躍，並使負責記憶的海馬迴更加活躍。神經學家安德魯．紐伯格（Andrew Newberg）甚至透過研究揭露，讓阿茲海默症患者每天花十二分鐘冥想，連續做八星期後，透過掃描影像會發現，患者大腦的所有區塊包括額葉在內，都變得更加活躍。

每個人對冥想的接受程度不同，不過即使現在有能夠提升大腦功能的藥物，我們也很難檢驗藥物的效果，何況藥物還會有副作用。相較之下，無論在家還是辦公室，只要花十五至二十分鐘維持正念就能有如此顯著的效果，不試試豈不是損失嗎？

美國約翰霍普金斯大學研究團隊公布，冥想與憂鬱治療的關係值為〇．三（關係值最高為一．〇）。如果你認為〇．三這個數字很小，那我想提醒你，抗憂鬱藥物的關係值其實也是〇．三。因為一般人較難理解「正念」的意思，所以目前常以「照顧心靈的冥想」來說明；其實就是指「退一步觀察」，不要對自己的心做出任何評價的意思。例如當你覺得「好累，前途茫茫」時，可以用「我現在過得很辛苦，因為憂鬱所以覺得很煩躁」的方式來看待自己的內心。

冥想和前面所說的改變想法不同。改變想法是將負面想法轉變成正面想法，冥想則更接近放任想法不管。但為什麼放任不管會有治療效果？

假設有人在吵雜的市場裡跟你搭話，無論你是回應對方還是充耳不聞，都無法改變身邊吵雜的事實。不過當你離開市場坐在安靜的海邊，便會覺得剛才的騷動絲毫沒有任何意義。當下，你會感覺所有行為都毫無意義，只剩下有如和宇宙共存般平靜悠閒的海灘——而冥想，就像是坐在海灘上的感覺。只要聽著平靜的音樂，進行讓身心恢復平靜的冥想，就能帶來這樣的效果。

不過，冥想還有另一個更重要的關鍵。美國神經科學家馬庫斯·賴希勒（Marcus Raichle）教授之所以聞名全球，正是因為他發現了人在休息時大腦仍持續運作的事實。他主張人類在做某些事情時，大腦的特定迴路會減少活動，等到休息時才再度活躍起來，他將這條神經迴路命名為「預設模式網路」。他認為這條迴路在我們有意識地做某些事時便會停止動作，休息時才會相互傳遞訊號以做出最適當的決定。也就是說，我們必須有時間冥想、發呆，讓自己稍事休息，才能做出最佳選擇。

其實剛進入冥想的前幾分鐘，我們的精神並不會安定下來，而是會想起被我們遺忘或重要的事。腦海中會浮現「啊，我得打電話給那個人……啊，明天一定要帶那份文件」等想法，感覺就像把缺了一角的拼圖拼完整一樣。我想，這也許就是馬庫斯說的，能夠讓我們做出最佳決定的狀態。

義大利摩德納大學的神經科學家朱塞佩．佩里澤（Giuseppe Pellizzer）曾說：「冥想家善於操控大腦的預設網路模式，他們能比一般人更快回到平靜的狀態。」「預設」這個詞原本是指機器的初始設定，我想這裡之所以使用這個詞，也許是指冥想會使大腦回歸初始設定的意思吧。該說是重新開機的感覺嗎？整天承受壓力而傷痕累累的大腦，可以藉著冥想重新整理。

哈佛大學醫學院的赫伯．班森（Herbert Benson）博士曾說：「冥想能使身體找回平靜，減少許多疾病症狀。」許多研究也告訴我們，身體恢復的祕訣在於大腦得以重新整理、重新開機。我想大家可以依照自己的狀況，找出最適合冥想的時間，讓大腦重新開機。

研究結果指出，冥想的好處之一是能夠活絡左腦，這是相當鼓舞人心的一件事。在第二章中，我們曾簡單提及左腦與正面情緒、右腦與負面情緒的關聯性，美國威斯康辛大學的理查・戴維森（Richard J. Davidson）也主張，右額葉活躍時會感受到較多負面情緒，左額葉活躍時則可以感覺到較多正面情緒，所以過度偏重右腦活動的人，較容易有憂鬱或焦慮的傾向。

這是個相當有趣的觀點。而他也不僅止於提出理論，更以一百七十五名冥想超過一萬小時的西藏僧侶為對象，進行大腦斷層掃描研究，結果發現，每位僧侶的左額葉都比右額葉更為發達。這給了我們提示，左腦的活躍對治療憂鬱症十分重要，並且我們能透過冥想刺激左腦；這個理論後來也被許多研究人員證實。

或許僧侶們能夠成天面對牆壁打坐修行，也是因為左腦活躍所帶來的正面情緒，已讓他們獲得補償也說不定。這也告訴我們，吃得好、曬太陽與運動，固然對治療憂鬱症來說非常重要，不過如果無法做到這幾件事，在睡前稍微冥想一下，也能讓身體狀態往正向發展。

讓大腦重新開機、左腦變活躍，聽起來或許很不真實，但全世界有八十億人，就可能有八十億種冥想的方式，其方法和效果也取決於個人。即便如此，冥想對治療失眠有效是千真萬確的事實，所以我建議睡不著的時候，不要立刻吃安眠藥，試著坐在床上或地上冥想一下。雖然我是容易入睡的人，但偶爾失眠時也會想著：「好，今天就冥想一小時，來看看宇宙究竟想跟我說些什麼。」當然，我還不曾透過冥想聽到宇宙想跟我說的話，因為每次都在冥想滿一小時前就睡著了，冥想就是有這麼強大的舒眠效果。如果做了冥想還是睡不著，那我建議你可以拉長冥想的時間；同時也希望你檢視一下，是否因為使用手機等電子產品時間過長導致大腦太興奮，或是吃太多、太晚吃或喝太多酒所致。

等我年紀再大一點，距離告別這個世界的日子又更近一步時，我希望自己每次都可以花上很長的時間來冥想。我期盼未來的每一天，都能獲得冥想帶來的餽贈，讓自己活著的每一刻都更快樂一些。由我獨享這樣的好處實在太可惜了，所以也想鼓勵讀者們一起參與。

不過最重要的，是冥想適不適合你。即便醫學與科學越來越發達，我們仍然會為了選擇適合自己的治療方式而苦惱。雖然韓醫學在韓國並不是歸於自然療法，但病患自己很清楚西醫與韓醫之間的矛盾。如果告訴其中一邊的醫師說自己正在接受另一邊的治療，醫師肯定會皺起眉頭並給患者臉色看。

我自己也當過病患，很清楚病患經常為醫師的見解不同而感到煩悶，畢竟病患四處求診，只是希望自己的病能好起來。我主修的雖是心理學，但因為有在醫院工作過的經驗，所以認識不少心理諮商師和精神健康醫學科的醫師。在醫院工作的諮商師總會跟我說：「真想請那些醫師幫幫忙！很多個案都抱怨他們只會開藥不會聽自己說話……。」然而醫師朋友卻又跟我說：「真的是想拜託那些諮商師，病患總是抱怨每次去諮商，只是一直被問感受到什麼情緒，情況一點也沒有好轉……。」

當然，兩位朋友在說這些話時都笑笑的，但我知道患者在說這些話時，臉上絕對不是帶著笑容。我有一名受生理疾病折騰超過十年的患者，他曾經先後到過一般醫院與韓醫院接受多年治療，但病情都不見起色，他所承受的委屈與無力感超乎我們的想像，整個人萬念俱灰。當我建議他冥想時，他判斷是否接受這個建議的方法非常簡單。

「這不花錢，沒有副作用，也有效對吧？那我就試試看。」

一個月後，這位病患告訴我：

「我不太確定疼痛是否消失，但的確睡得比較好。好像可以不用繼續吃安眠藥了，我會繼續嘗試看看。」

幸好冥想對他有幫助，但我知道這不會完全適合每個人。不過我想提醒大家，不花錢、沒有副作用且有效的話，那還有什麼理由不用這個方法呢？這種判斷方式雖然頗為心酸，卻真誠且實際，想必只有在求診道路上吃過很多苦頭的人才懂得箇中滋味。

世上至少有一個方法，可以讓你不會對自己的判斷失望，這該是多麼幸運的一件事？然而我也不敢保證冥想絕無副作用，因為冥想雖能改善輕微的焦慮，但類似恐慌症等嚴重焦慮的情況，因為可能會出現呼吸困難等症狀，所以我建議有嚴重焦慮問題的人，一定要在冥想專家的指導下再嘗試。

聽音樂、欣賞藝術作品、觀賞表演等大大小小的藝術活動，對於淨化情緒也有很大的效果，我建議各位積極嘗試；如果能找到合得來的朋友一起那就更好了。其中，聽音樂這項活動，無論是我們自己找來聽，還是偶然在咖啡廳欣賞，都是日常生活中就能做到的事。而且聽音樂和其他活動不同，只須按下一鍵就能開始，是最能讓生活變得充滿樂趣與喜悅的好活動。

跟個案談論各式各樣的事情時，我偶爾會被問到超出能力範圍的問題，例如憂鬱時該聽憂鬱的音樂，還是該聽快樂的音樂。我是個藝術門外漢，但依照過去參加音樂性社團的經驗來看，如果想擺脫憂鬱，也就是偶爾想哭一哭發洩情緒的時候，聽悲傷的音樂會比較好，只是最後一定要用明朗、輕快的音樂收尾。

古典樂中，我個人推薦莫札特的曲子，他的樂曲除了豎琴與單簧管之外，整體來說都是明亮且輕快的氛圍。即使音樂本身不輕快，那些充滿泛音的慢節奏作品，也都具有穩定心情的效果，偶爾聽聽會是不錯的選擇。

米謝爾．蓋諾（Mitchell L. Gaynor）是康乃爾大學威爾醫學院的臨床教授，專注於研究聲音與音樂震動所擁有的驚人治癒力。他在個人著作《聲音的療癒力量》（*The Healing Power of Sound*，暫譯）中，從節奏、共鳴、能量的角度，介紹利用聲音的力量找回健康的原理。書中也提及頌缽或格雷果聖歌等聲音的治癒能力，多虧了他的著作，我才能了解音樂的療癒效果，這讓我更能懷抱著感激之心聆聽音樂，也比以前更常聆聽格雷果聖歌了。

不過也有很多人不喜歡這種音樂，因為那讓人太過放鬆，容易萌生睡意。在各項藝術活動中，音樂尤其是講究個人喜好的項目，聽莫札特、格雷果聖歌等知名作品固然理想，但能讓你感到舒服愉快的音樂才是最佳選擇。你也可以試著把過去即將完成一件事之前常聽的音樂重新找回來聽，重溫那些你聽了數十次、數百次，陪伴你終於克服困難、完成理想的歌曲。每當心情鬱悶時就聽那些歌，你內心便會再次浮現當時的感覺與希望，也會感受到小小的悸動，讓你獲得重新出發的力量。

對我來說，莫札特A大調單簧管協奏曲第二樂章、帕海貝爾的卡農變奏曲、《新天堂樂園》原聲帶、金賢植的〈像雨一樣，像音樂一樣〉等，都是幫助我撐過艱困時期的音樂。包括音樂在內的多項藝術活動，都能發揮類似副交感神經的功效而達到放鬆效果，同時更有驚人的治癒能力。希望你也能挑選最適合你的活動，跟朋友一起享受吧！

✚ 生活就是好好吃、好好睡、別勉強自己並愉快工作，這樣就能讓血清素正常分泌。

感謝是一種必要的「生存情緒」

來整理一下第三章的內容。我們已經明白愉快活動的重要性，也認識了能在生活中實踐的方法，同時也點出吃、睡、呼吸、曬太陽、運動等平凡的日常活動與血清素分泌息息相關。而如果不想運動、睡不好也吃不下，也可以在睡前冥想；假使一切都無法顧及，就只剩下最後一個方法了，那就是感謝。

感謝，能讓我們在沒能實現任何事的情況下感到滿足。從能夠「感到滿足」這個結果來看，感謝帶來的療效可說是相當顯著，所以即使你提不起勁做任何事，仍然能透過感謝獲得救贖。其實感謝並不是一種救命符，而是一份巨大的禮物；因此，如果你想變幸福，就先接受感謝這份禮物吧。接著讓我們看看感謝與幸福之間的關係。

憂鬱時一定要記住的情緒

我說最後一個方法是感謝，各位讀者或許會覺得這件事易如反掌。比起要盤腿正坐的冥想，感謝只須躺著就能執行，確實非常簡單。不過也因為感謝實在是件稀鬆平常的事，所以人們也難以接受它具有療效。其實更難以接受的，是「這就是幸福」的想法。

人們都很討厭幸福之類的話，習慣把「死心」、「放棄」掛在嘴邊，更極端一點的人甚至認為幸福的意涵是「要我知足的意思」，但其實恰恰相反。感謝不是要你放棄或死心，而是為了活下去所必須擁有的情緒。

就像我們會避免落水時溺斃而去學游泳這項生存技能，感謝也是在憂鬱時不可或缺的「生存情緒」。感到憂鬱時，我們必須用感謝這項「泳技」游出憂鬱的大海。在你認同此話之前，不如先換個角度思考，如果一個人不知感謝，不斷感到憤怒、挫折，那會發生什麼事呢？

加拿大治療心理學權威紀．科諾（Guy Corneau）被診斷出第四期淋巴癌，他將自己臨死之際的領悟寫成《生命最後一刻所面對的事物》（*Revivre!*，暫譯）。他透過這本書記錄自己日復一日與病魔搏鬥、接受人生考驗，進而從中發現人生意義的過程。他在書中提到，當我們感覺到悲傷、無力、挫折、憤怒，就等同藉由免疫系統向身體發送不想繼續活下去的訊息，這樣一來就真的會使免疫力降低；免疫力低下會造成什麼結果，我想大家都知道。我們的想法和情緒，有時候其實非常令人畏懼，因此希望各位讀者了解，為何我會說感謝是一種必要的生存情緒。

我想沒有人不知道何謂感謝，不過我們還是可以查查字典。字典上將「感謝」定義為「覺得感激，或用於形容感激的感覺」。通常是有人為我們做了些令人感激的事，我們會感謝對方；立場反過來時，對方也會有同樣的感受。也就是說，感謝必須在有令人感激、令人幸福的事「發生」時才會產生的情緒。從這點來看，憂鬱症患者因為沒有遇到幸福的事而感到憂鬱，就更不可能感激；再加上血清素分泌少，持續處在憂鬱狀態中，更不容易做些讓自己幸福的事。

這裡讓我們逆向思考一下。假設情況明明會更糟，卻只停留在當前這個狀態，豈非不幸中的大幸，是件值得感激的事嗎？當然，要逼自己這麼想很困難，但還是可以嘗試改變想法，我們不需要等到有好事發生才感謝，可以主動試著去感謝某些事。這麼一來，大腦會發生什麼事呢？我想大家都應該知道答案了，就是會分泌血清素。即使現實生活中並沒有發生好事，大腦也會因為感謝而分泌血清素。

讓我們來做個小小的實驗。無論是對自己還是對他人，試著說句「謝謝」，你便會自然地露出笑容；如果你用嚴肅的表情說這句話，只會讓人感覺像戴著面具一樣矯揉。相反地，當有人笑著向你道謝的時候，你也會用笑容回報對方。

大腦會把臉部表情當成重要資訊，甚至有人對此提出「臉部回饋假說」。露出笑容時，大腦會接收到「安心」的回饋訊息，感到「安心」就會分泌血清素，這也是感謝能夠產生幸福感的原理。僅僅是「感謝」這句話就能使臉部肌肉放鬆並促進血清素分泌，那當你由衷感謝時，豈不是能讓血清素分泌更多？

開啟上帝禮物的鑰匙

靠想法促進有益物質分泌的行為，也同時具備安慰劑效應。被譽為西醫之父、古希臘時代的希波克拉底，曾形容安慰劑效應是「內在的自然治癒力」，由此可知此種效應用在第一線醫療現場有著十分悠久的歷史。雖然自從笛卡爾提出「身心二元論」之後，主流醫學便相當忌諱正式談論安慰劑效應，然而眾所皆知，至少在一百五十年前開始，就有許多老練的醫師積極地在第一線醫療現場使用安慰劑效應。

喬・馬琴（Jo Marchant）的著作《治癒力》中，有個篇章談論了安慰劑研究領域的兩位國際權威：義大利杜林醫學院腦科學教授法布里奇歐・貝內德蒂（Fabrizio Benedetti）與哈佛大學醫學院教授泰德・凱普查克（Ted J. Kaptchuk），當中便介紹了有關安慰劑效應的內容。

一項研究假設安慰劑能促進天然鎮痛劑腦內啡的分泌，結果一如預期，發現施打安慰劑的患者，疼痛確實有所減緩。不過當研究人員未告知患者的情況下，投以抑制腦內啡效果的藥物納洛酮的時候，患者便再次感到疼痛。據說這項實驗是史上第一個以生物化學角度，驗證安慰劑效應的證據。也就是說，對藥物能減緩疼痛的期待，確實能促進腦內啡分泌；安慰劑並不是一種騙術或想像，而是基於一種具體的物理機制所歸納出的結論。

當然，馬琴在書中也相當謹慎地提出，即便安慰劑能夠減輕截肢患者所感受到的痛苦，卻無法讓患者長出新的腳；即便能讓氣喘患者呼吸更為順暢，但肺部功能的客觀數值卻沒有改變等等。不過她認為，即便安慰劑有著上述缺點，仍然能夠創造奇蹟，幫助病患克服連醫院都束手無策的痛苦。

老實說，我個人認為安慰劑效應的治癒能力，其實是「心靈的力量」；此外，有許多支持這個論點的生物化學研究，所以我希望自己重病時，能夠遇到一位會開安慰劑給我的醫師，因為我是一個即使吃安慰劑也能獲得顯著療效的人。畢竟我知道睡得好就能避免交感神經過於活躍，再加上我本來就是個超級樂天派。令人意外的是，在美國和英國等地，網路上已出現販售安慰劑的公司。安慰劑有空瓶、噴霧器等多種型態，藥的成分則是氮、氧、氬等等，這真是我這輩子想都沒想過的情景。當然這些安慰劑需要收費，售價通常介於九至四十四美元之間。

只不過用這種方式服用安慰劑，並不符合我的喜好。我期待的不是基於商業需求提供的安慰劑，而是真正的醫師溫暖地握住我的手，對我說：「吃下這一劑藥（其實是安慰劑）就會好起來。」不過從現實來看，這件事發生的機率並不高，所以我還是打算認真感謝，因為感謝也能促進腦內啡分泌。

《別再錯用你的腦》作者精神科醫師樺澤紫苑就曾說，感謝能促進腦內啡分泌。眾所皆知，腦內啡又稱為「大腦的毒品」，鎮痛效果比癌末病患為了減緩疼痛而使用的嗎啡高上好幾倍。向某人表達感謝、被他人感謝所帶來的巨大幸福，就能促進這種物質分泌。而獲得他人感謝在精神上所能獲得的補償，也幾乎能與得到他人稱讚相提並論。

許多研究也證實經常心懷感激的人，確實擁有較高的成就，也較不容易憂鬱。此外，他們更容易熟睡且免疫功能較好，罹患成人病的機率就降低，即使生病了也比較不容易感到疼痛。還有，在壓力情況下他們能迅速讓壓力荷爾蒙數值降低，腦波可以更快恢復穩定，當然壽命也比較長。這是一項以超過一千五百名健康成人為對象，追蹤長達十年的研究，結果發現這群健康成人罹患心臟病的機率較平均值更低。

幾年前我撰寫的《今天也，金感謝》（오늘도，골든 땡큐，暫譯）這本跟感謝有關的書出版時，曾有一位讀者發表一篇名為「感謝萬事成」的書評。那篇評論十分精彩，甚至讓我與出版社編輯討論，是否該設立一個書評文學的圖書分類。如果你了解經常感謝的人能獲得什麼益處，就會相信這位讀者寫的內容並非只是文學手法。我認為，人有一個只靠想法就能分泌好物質的大腦，其實是上帝提前送給人類、讓人類能夠戰勝痛苦的禮物；而開啟這份禮物的鑰匙，不是其他，正是感謝。

幸運的吉祥物

經常感謝的人較為樂觀，而樂觀的人也確實會習慣性感謝。詹姆斯·伯格在《心的力量》一書中提到，一個人抱持樂觀主義還是悲觀主義並不會影響事情的結果，但是樂觀主義者可以過上更幸福的人生。

看到這段話，我想起一個古老的笑話。當一群人被問到醜蘋果跟漂亮蘋果放在一起時會先吃哪一種，回答先吃醜蘋果的人主張「要快點吃掉，醜蘋果才不會繼續留下來」；而回答要先吃漂亮蘋果的人則主張「如果先吃掉醜蘋果，那會讓人覺得一直在吃醜蘋果」。後者主張先從最漂亮的蘋果開始吃，吃完後再從剩餘的蘋果中繼續找最漂亮的，這樣一來就能從頭到尾都享有漂亮蘋果帶來的幸福感。如伯格所說，雖然結果同樣是吃蘋果，但兩者的過程肯定不同。樂觀主義者在面臨同樣狀況時，會先從漂亮的、好的找起，他們的幸福指數自然較高。

有些人會說，雖然知道樂觀的好處，但天生個性就是比較悲觀，實在很難樂觀起來。當我們談論樂觀主義與正向態度時，首先會聯想到正向心理學創始人馬汀・塞利格曼（Martin Seligman），如果你知道他其實是個悲觀主義者，肯定會徹底改觀。《幸運的科學》兩位作者珍妮絲・卡普蘭（Janice Kaplan）和巴納比・馬殊（Barnaby Marsh）去採訪塞利格曼時，塞利格曼就曾提到他天生是個很悲觀的人，只是不斷尋找正向的觀點來說服自己罷了。

塞利格曼透過畢生的研究，了解到樂觀主義者在人生中所能享受的好處，所以才傾注心力尋找後天學習樂觀的方法。他說要擁有樂觀的態度，不是花幾個月就能達成的目標；他還曾說，如果要選一個象徵幸運的人跟他一起去太空旅行，他認為最重要的條件就是樂觀，因為一個樂觀的人能把握好機會，遇到壞事也不容易被擊垮。這一段話，我對「象徵幸運」這個詞特別有感觸。

如果要選擇一個共事的人，我也會以樂觀為條件，因為光是跟那個人在一起就能感到開心，他更將是面對艱困狀況也能努力克服的幸運吉祥物。其實，我們不需要為了找出幸運吉祥物而進行複雜的心理測驗，只要找個懂得感謝的人就好了。必須自己調配幸福的我們，都很需要幸運的吉祥物，而懂得感謝的你，無論對身邊的人還是對你自己來說，都是那個幸運吉祥物。

目前為止這本書所介紹的方法中，最佳的辦法就是感謝。讓我們來複習一下，產生負面想法時，可以試著用積極正向的自我對話來排解，但如果覺得用正向的自我對話一一解決很麻煩，那也可以在當下找出值得感謝的事，這樣就能達到促進血清素分泌的目標。此外，也還有製作並執行愉快活動目錄的方法，找到一件值得感謝的事本就令人愉快，如果能常保感謝之心，那即使沒有一一找出愉快的事來做，也能時常感到幸福，進而促進血清素分泌。

在一項心理研究中，研究人員刻意弄壞玩偶並假哭，藉此觀察幼兒的反應。受試幼兒會做出一起哭或安慰研究者等不同反應，但最常出現的反應是跑向媽媽請求協助。這些孩子們知道，媽媽能幫他們解決所有問題。

我認為感謝就像媽媽。在我們長大的過程中，若在奔跑時跌倒，媽媽總會拍拍我們的膝蓋，說「沒事了，沒事了，都好了，一點都不痛了」，然後我們就能繼續奔跑玩樂。肚子痛到夜不成眠時，媽媽也會說「沒事了，沒事了，媽媽的手是藥手，肚子都不痛了」，然後我們就能安穩入睡。

憂鬱症患者就需要這種能為心呼呼、摸摸肚子、煮一碗熱粥的媽媽，需要當你跑到一半跌倒時，會幫忙用力踩踏地板出氣的媽媽。因為沒有這樣溫暖的媽媽時時刻刻陪在身邊，所以才會如此辛苦。讓我們像媽媽一樣，安慰自己「沒事了，沒事了，只要重新開始就好，只是犯了個錯，只是一次失敗而已。只有這點損失真的很幸運，太感謝了，真是太感謝了。」如此一來，生活就能過下去。

你或許會覺得扮演媽媽來安慰自己有點為難又悲傷，不過有些人就算常常說自己的母親很溫暖，他們也是會面臨其他不同的問題。所以，讓我們用「即使沒有溫暖的媽媽，我也可以像媽媽一樣安慰自己」，或者「即使有溫暖的媽媽，依然面臨某些問題時，我可以如何解決」的心態，來找找生活中有什麼值得感謝的事吧！不過可不能光找而已，找到後還要記錄在日記或手機上，隨時提醒自己。

如果你是一位母親，那你應該要時時提醒自己的孩子「經常感謝」；即使母親不在身邊，這句話也能成為守護孩子的力量。我在本書的序文中曾提到我兒子三歲時的事情，二十年後他去當兵時，又再度接受另一位藥師的協助。當時我焦急地希望兒子能順利完成為期六週的新兵訓練，在這六週的時間裡，他可以打兩次電話。當我在電話裡聽見他的聲音時，瞬間一陣哽咽，待情緒平復後，我便提出我最好奇的疑問：

「你有沒有哪裡不舒服？」

「上星期有點感冒，但吃了同期給我的藥之後就好了。」

「藥？什麼藥？」

「聽說他媽媽是藥師，他經常生一些小病，所以他媽媽就依照症狀配了些藥給他，經訓練所同意後帶進來的。他分給我的就是那些藥。」

「他把藥給你，那他自己生病怎麼辦？」

「所以我一開始也不想收，不過下星期就要結訓了，他帶來的藥還剩很多。」

我笑嘻嘻地跟兒子說：「真是太好了，他說他媽媽是藥師嗎？」兒子則溫柔回應我：「怎麼了？妳不也是藥師嗎？心靈藥師啊！每次焦慮緊張的時候，我只要想起妳跟我說的話就能平靜下來。」聽完他這番話，我有點不捨地想著「原來他過得頗辛苦」，但我調侃他說：「哎呀，怎麼會是你這個軍人在安慰我呢？」我們咯咯笑著，我也感到安心不少，就這樣結束了這通電話。

我其實只叮囑過兒子一句話，畢竟說太多對二十多歲的年輕人而言都是噪音；而那唯一的一句話，就是無論在什麼情況下都要懂得感激。每個人在入伍時都有自己理想的單位排序，兒子最後去了他的第三志願，我告訴他：「要是覺得辛苦，就想想能順利進到自己理想的單位，是一件多麼值得感激的事。遇到好長官、好同袍要懂得感謝，吃到好吃的飯菜也要懂得感謝，知道嗎？」一直到他入伍前，我都不斷提醒他這件事。雖然每次他都聽得有點不耐煩，但遇到困難時他總會想起這句話而能夠繼續堅持下去。除了當兵這種我無法陪在他身邊的情況外，未來假使我離開這個世界了，感謝也會成為他的吉祥物，讓他懂得每天都挑「漂亮的蘋果」來吃，過著幸福的生活。

改變生活的溫度

丹尼爾．亞門曾做過一個快閃實驗。撰有一本談論感謝著作的心理學家諾愛爾．尼爾森（Noelle Nelson）曾表示，她想花三十分鐘思考人生中值得感謝的每件事後，接受大腦斷層掃描；而亞門透過斷層掃描看見她因感謝而健康、活躍的大腦後，便提議改做思考人生中不愉快的事之後，再去掃描大腦的實驗。

尼爾森雖然知道回想不愉快的事會讓心情不好，還是接受了亞門的提議。她想起對疾病的恐懼，包括因為生病而無法工作、無法照顧寵物的恐懼等等，並在這樣的情況下接受大腦斷層掃描。結果發現，相較於思考感謝之事，思考不愉快的事會使大腦幾個部位變得較不活躍。這告訴我們，負面想法會使大腦變得負面。

尼爾森自己就是心理學家，也以感謝為題出版相關書籍，因此充分理解負面思考會改變大腦斷層掃描的結果。不過，我們不能只是「知道」，更要付諸實行，因為負面思考無法讓我們擁有健康的大腦，所以不能只是埋怨「生活中沒什麼好事，要怎麼正向思考？」而是無論面對什麼狀況，都應該要找出讓自己保持正向思考的觀點。

前面提到《幸運的科學》一書中，介紹過一個有趣的研究。該書的兩位作者進行了一項全國性的問卷調查，其中有百分之六十七的人在「你認為自己是個好運的人嗎」這個題目給出肯定的回答。他們之所以能進行這種全國性的問卷調查，部分原因是作者馬殊是美國富蘭克林坦伯頓基金集團執行長的首席顧問。

認為自己好運的人比我想像中的還要多，這讓我感到非常有趣。之所以能出現這樣的結果，或許是因為進行問卷調查的地點不是在生活滿意度屬於後段班的韓國，而是在美國。不過，大家的生活條件其實都差不多，也許韓國的調查結果也有機會比我預期的高上許多。如果你居住的地方也能出現這樣的結果，你認為自己是屬於好運的百分之六十七，還是壞運的百分之三十三呢？說點不正經的，出於某些原因認為自己屬於壞運的百分之三十三，對某些人來說並不是一件太討厭的事，因為不用戰鬥就勝負底定了；然而不管結果如何，你難道不覺得，認為自己是個幸運的人是比較划算的想法嗎？

回到正題，假使你真的認為自己屬於壞運的百分之三十三，那你也要想盡辦法跑到百分之六十七這邊來。前面我提到的兩位作者，為了搞懂這些人為何認為自己好運，於是針對他們的住所、經濟水準、性別、婚姻狀態等資料進行全面分析，卻找不到任何可能讓人認為自己好運的依據；由此可見，你真的沒理由屬於壞運的百分之三十三。作者認為，最重要的是你要去「感覺」自己好運，越是相信自己能夠創造幸運，就越有可能讓自己擁有好運。

此外，由於享有好運人生的第一步是樂觀態度，所以我們了解到在面對「你是個好運的人嗎」這個問題時，必須每次都回答「是」，才能進一步讓自己享有好運人生；這個觀點我們也多次透過「自我滿足式預言」的理論驗證過了。因此，請你盡量認為「我運氣很好」，只要懂得感謝，你便始終都是屬於好運的百分之六十七。有句話說「一雙好鞋能帶你去好地方」，感謝就是這樣的一雙好鞋，是通往好運人生的道路。

在養成感謝的習慣之前，這條道路肯定十分崎嶇，而且也不得不這麼崎嶇，就像剛開始學洗碗時會經常打破盤子那樣。因為人生中總有無論如何想抱持感激之心，但心情就是好不起來、無法如己所願的時候，這時我們就容易打破盤子。因為盤子是我們經常接觸、極為脆弱的物品之一，在那種狀態下就容易被打破；假如今天在陶窯或花店工作，就是陶器或花瓶會經常被打破。

我不是在說憤怒的頻率會引發共鳴而震碎盤子這種超自然現象，我是想說，如果沒有心存感激只顧著生氣，就會覺得整個世界好像都與自己為敵，身體因而忍不住使力、粗魯地對待盤子。在這種日子洗碗要格外小心，並且要好好傾聽自己的心，可偏偏你會忍不住一直分心去想其他要做的事，自然就更容易打破盤子。幸好，我離最後一次打破盤子的日子已經很遠了。

心存感激的日子、不感激的日子、有大量事情可以感激的日子、只有一點點感激的日子，都會讓生活的溫度有微妙的差異。我覺得感謝就像人類獨有的智慧精華，能將人生調整成我們喜歡的季節溫度。

吹著溫暖微風的春夜，或是籠罩在冷冽月光的秋夜裡，你若聽見某處有人問：「你是個好運的人嗎？」不妨回答：「當然，因為我總是心存感激。」

✚ 感到憂鬱時，我們必須用感謝這項「泳技」游出憂鬱的大海。

要追求人生的意義才不會疲憊

活得快樂固然重要，但我們其實有更多不快樂的時刻。不過，只要記住「人生的意義與目標越清晰，生活就越能健康幸福」這點，在不快樂的時刻便能給自己帶來不少安慰。

《重新定義人生下半場》的作者芭芭拉・布萊德里・哈格提（Barbara Bradley Hagerty），曾在書中介紹一項以老人為對象的研究。以超過一千兩百五十名的修女、修士、祭司，以及一千七百五十名普通信徒等兩組人為研究對象，精準找出能預測失智症的兩種生活態度——一種是「誠信」，另一種是「重視人生目標」。年老後仍能過著健康生活不罹患失智症的人，無論是八十八歲還是九十八歲，每天都會持續追求人生的意義，他們盼望幸福的每一天，尋找每天早上醒來的理由。而沒有明確目標意識的人，罹患失智症的風險比有明確目標者高出了二・五倍。

在提到如何定義幸福時，哈格提談到「終極幸福」（Eudaimonia）的重要性。所謂的終極幸福是指，雖然短暫的幸福或喜悅很重要，但更要緊的是必須擁有人生的目的與意義，並努力追求最大價值。例如為了養育子女而短暫擱置自己的目標、為了上大學暫時將手機停話、為了取得奧運獎牌而揮灑汗水等，可能會讓你暫時感到壓力與痛苦，長期來看卻能獲得巨大滿足與喜悅的體驗，反而更接近所謂的幸福。

除了上述研究，近來還有針對修女院的研究。這種研究的優勢在於團體同質性高，在研究特定狀況時就能盡量排除可能出現的變數，像是修女院每日的行程和飲食都一樣，更容易找出失智或生理疾病的原因。從修女院研究的結果可以發現，修女的生活幾乎沒有金錢、名聲、快樂等現代人視為幸福指標的元素，她們卻還是活得幸福、健康且鮮少罹患失智症，這是因為她們的人生真的很有意義嗎？

除了宗教人士，以一般人為對象的研究中也可發現，當一個人追求有意義的人生時，引發糖尿病、心血管疾病、骨質疏鬆症、阿茲海默症等各種疾病的發炎指數較低，膽固醇數值也較低，平均壽命則較長。所以，我想前面所做的結論應該算是非常合理的。

美國國家衛生院的研究團隊曾在一份報告中提及，人們在擔任義工時的大腦，與獲得報酬時的大腦一樣，是以相同模式在活化；這類人比一般人更有幹勁與活力，也更能產生強烈的成就感與幸福感。也有一些以美國大學畢業生為對象的研究，發現當一個人重視關係與成長等內在目標時，他們對自己與他人的滿意度，會高於重視財富、外貌或名聲等外在目標的青年。

美國加州大學洛杉磯分校的醫學系教授史蒂夫・柯爾（Steve Cole）是該研究團隊的一員，針對這個結果，他解釋說是因為追求內在目標的人，較不容易感覺自己受到威脅，因此鮮少需要與他人對抗或逃跑。如果你追求的是長期的人生目標，那就更能寬容地接受當下所發生的事，壓力反應因此較小，發炎指數等數值也自然較低。

柯爾教授更補充，強行要求一個人停止進行快樂的活動，通常會讓人覺得幸福受到威脅；但如果今天這個人很重視自己參與的活動，且認為自己支持的正義、人群或共同體很有價值，那即便個人遭遇一些不快樂的事，也比較不容易感受到威脅。簡言之，幸福並不完全等同於喜悅或快樂、成功或成就，我們偶爾也需要發呆看看彩虹，去思考人生的意義才對。

當然，擁有人生的意義並不容易。不可能讓所有人都進修女院，要在沒什麼精力的憂鬱狀態下，去從事一般日常生活中的義工活動也十分不容易。這時有個不到外面活動，也能追求人生意義的方法，那就是禱告或「慈悲冥想」（Compassion Meditation）。慈悲冥想原是佛教的冥想法，近來也被用於心理治療，這是一種希望自己與世上所有存在都能過得平靜且幸福的冥想。冥想的進行方法已廣為流傳，關鍵在於可以像下面這樣禱告：

我祈求能獲得平靜。

我祈求能獲得治癒。

我祈求能脫離擔憂與恐懼。

接著再想想其他人，並以同樣的方式禱告：

我祈求你得平靜。

我祈求你獲得治癒。

我祈求你能脫離擔憂與恐懼。

禱告文可依各自情況調整。慈悲冥想能迴向的人很多，你所愛的人自然包含在內，你甚至可以把討厭的人納入冥想的禱告範圍，其實這樣才算是真正的慈悲冥想。在嘗試前你可能會覺得做不到，但這意外地會成為你冥想的理由——與其直接跟討厭的人見面或說話，只是用想的反而讓你覺得比較輕鬆或沒壓力；不過也不需要勉強自己，不要超出自己的容忍範圍就好。佛教有慈悲冥想，基督教或天主教則有禱告，那是一種為了他人的利他式禱告，也會讓你在過程中獲得巨大的力量。

有研究指出，光是觀看德蕾莎修女的電影，就能讓唾液內的抗體分泌比例增加，而這種抗體被視為人體免疫力的指標。僅僅是觀看以可敬對象為主角的電影，就能夠增加免疫力的話，那麼親自嘗試慈悲冥想肯定能使免疫力大幅提升；因為願意做慈悲冥想，就表示你是個值得敬佩的人。

做慈悲冥想或禱告雖有這般好處，但我之所以建議憂鬱的人嘗試，最主要的原因在於有研究指出，每天做慈悲冥想的人，幸福感比不這麼做的人更高，與社會的連結也更強。憂鬱時人際關係會限縮，孤獨感倍增，而這種狀態將再度使人憂鬱，所以治療者會積極建議患者多與人接觸。但是，我無法否認這個建議確實不太實際，畢竟如果一開始就有經常接觸與交流的對象，那麼人們就不會輕易陷入憂鬱了。

然而，靠著冥想或禱告確實能大幅降低孤獨或疏離感，一旦開始為他人冥想或禱告，更是一種使你與他人保有「連結」的方法；經過這樣的說明，我想大家應該能夠理解其效果。雖然透過冥想或禱告感受到的喜悅，比不上直接與人接觸般的生動，但多虧我們的大腦能透過一部電影、一首詩獲得感動的力量，讓我們可以透過想像中的人際連結，多少讓自己的心得到平靜。

跟別人合不來而心情不好、覺得孤單，是屬於兩個人或三個人的群眾心理學；但若因此意志消沉到厭世，進而使免疫力下降，那就是你個人的事情，是你自己要負責的問題。所以，即使狀況不如己意，也別讓自己變得像落湯雞一樣狼狽，透過慈悲冥想或禱告來維持心的溫度，等力量變得足夠、狀況好轉後，再去跟人碰面、分享自己的心情。

只要有了人生的意義，即使稍微缺乏喜悅或快樂，也能感受到幸福。終極式的幸福，不是針對幸福的定義與辯論，而是哲學家與心理學家經過長時間的探索後，發現的一種最為精簡、高端且能讓人持續感到喜悅的型態。

誠然，每個人都會在生命中感到疲乏。我認為修女院的研究中，讓修女們感到極度幸福的原因，多少也是因為人們對她們的尊敬與稱頌。穿上修女服、犧牲奉獻的她們，被稱為神的僕人且備受尊崇；相較之下，人們卻不會對廚房裡那群穿著圍裙，同樣也在奉獻自我的人產生強烈的感謝之情，甚至還會以隨便的態度對待他們。無論心懷多麼高貴的人生意義，外在環境都可能使我們感到疲憊無力。如果想阻止這種感覺，就必須在有意義的人生中加入一點喜悅。

前面提到《聲音的療癒力量》這本書中，收錄了一個非常美麗的故事。「托瑪迪斯聽覺療法」創始人、法國醫師阿爾弗雷德・托瑪迪斯（Alfred Tomatis）曾在一九六〇年代後期，在班乃迪克修道院的邀請下，前去與院內的修道士會面。多數修道士都罹患了罕見疾病，甚至有醫師建議他們停止吃素多吃點肉，無可奈何下只好請托瑪迪斯醫師前去看診。

他看見「九十名修道士中，有七十人如溼透了的抹布一般，癱倒在修道室中」的模樣後，開始尋找原因，並在過程中發現，在梵蒂岡改革後新到任的修道院院長下過一道命令：中斷修道士每天花六至八小時演唱格雷果聖歌的慣例，改要求他們追求更有意義的事。不過托瑪迪斯醫師認為，格雷果聖歌能讓修道士在意識領域獲得領悟，並藉此得到力量。於是他要求讓修道士繼續唱歌，最後這群修道士終於恢復了健康。

如果這故事是真的，那絕對是件驚人的事。該書的作者米謝爾・蓋諾想透過這個故事談論格雷果聖歌的治癒能力，我也認同格雷果聖歌其實就是修道士得以恢復健康的祕訣。過去修道士要自行解決衣食住等問題，必須親自務農、做飯、修繕房屋，在這些為身體添加負擔的重度勞動中，唱歌是他們能暫時坐在椅子上讓雙腿休息一下、把腰桿打直的活動，能讓他們「享受樂趣」。我認為即使穿著修道服、成天過著有意義的人生，人類仍然必須享有樂趣，才能使人生的意義得以延續。就連修道士都是如此了，更何況是一般人呢？

如果說意義與樂趣就像經線與緯線，能夠交織出完整的人生，那麼無論缺少哪一邊，都難以維持心靈平靜。所以，穿著一般服飾的我們，尤其是陷入憂鬱狀態的人們，最好能開始在眾多樂趣之間加入一點人生的意義。

✚ 只要有了人生的意義，即使稍微缺乏喜悅或快樂，也能感受到幸福。

我們擁有能夠幸福的能力

如果在任何關係中都無法獲得滿足時，你可以暫時退後一步，想想專屬於你自己的價值與目的。

你的價值與目的不是只能透過人際關係去尋找。人際關係只是眾多價值中的一種，順利時確實能讓人感到幸福，但我們真的有必要因為人際關係一時出錯，就讓幸福也跟著扭曲嗎？如果人際關係出了問題，我們可以跟動物或植物交流，更能跟音樂交流，也可以從書中獲得安慰或智慧。

我認識很多養狗之後過得非常幸福的人。其中一人把「騎腳踏車載狗出去兜風」放在愉快活動目錄的前幾名，甚至還有餵狗吃美食、在家做有機肉乾等項目。雖然他媽媽責怪他：「這又不是給人吃的，搞那麼多花樣幹嘛？有那麼多時間不如去外面多跟人群接觸。」但他覺得這種生活真的很快樂，便告訴媽媽說以後再考慮與人接觸的事。這位朋友失戀後有好長一段時間足不出戶，就是在這段時間偶然養了狗，不僅從狗身上獲得無法言喻的慰藉，更重新找回了生命的喜悅。

後來，他在買狗肉乾時，會順道買東西給媽媽吃，發揮為人子女的智慧而順利度過這關；但沒過幾天媽媽又繼續叨唸起來，於是他便買澳洲產的肉乾給狗，改買高級韓牛給媽媽，這樣一來媽媽就再也沒干涉他的行為了。他的夢想是賺大錢投資流浪狗保護事業，他說如果有機會遇到好對象，那應該是在從事跟流浪狗有關的事務時遇見對方。以前成天追著人跑，都不知道自己這麼喜歡狗，現在仔細想想，過去交往的對象都非常討厭動物，分手對他來說反而是件好事。

人無論在哪做些什麼，總是能夠找到幸福，因為大腦本身就是這樣設計的。由於基因必須好好保存並遺傳給下一代，自然會希望自己能夠幸福地長命百歲，所以大腦被設計成無論在什麼情況下，都能努力尋找幸福。

想到在沒有紙筆的時代，就會在洞窟裡留下壁畫的人類祖先，以及在樸素襪子上做出襪尖裝飾讓自己看起來更美的朝鮮女子——無論在勞動還是休息，大腦都會想盡辦法找出能讓自己快樂、幸福的方法。

妨礙大腦尋找幸福的，反而是我們給自己施加的枷鎖。例如：「大家都要過得好才是真正的幸福，人生只有一次，不是應該住在好房子裡才對嗎？大家都去環遊世界，我怎麼能一直縮在這裡？」這類的偏見和刻板印象，就是典型的枷鎖。

突然要你找人生的價值與目標，或許會讓你感到茫然，我想介紹一本合適的書，那就是詹姆斯・希爾曼（James Hillman）的《靈魂密碼》。他是美國分析心理學家，也是知名的榮格派精神分析師，這本書在探討世上有某種「存在」與人的生命有著深刻關聯。他在書中提到一種稱為「代蒙」的感召與宿命概念，以之來說明我們存在這世上肯定有著獨特的原因。

當你擁有「我這個人有理由存在於這裡」的預感、「在日常之外，還有我必須親自涉足之事」的感覺，以及「這個世界希望我存在」的念頭時，就是一種「感召」。他還說：「神聖計畫的宿命論，就隱藏在夜空的星辰中。在最好的世界裡會發生最好的事，所以我們無法為這個世界負責。」

我認為「無法為這個世界負責」這句話，不是在強調我們是被動的「存在」，而是想敦促我們去想一想，在感召這股力量的掌控下，是什麼讓我們不會從樓梯上摔下來、不會踩空，並拯救我們不會陷入不知所措的「存在」？是什麼讓我們播著音樂一邊想事情一邊在高速公路上奔馳時，也能夠活下來的「存在」？是什麼讓我們在這個充滿病毒、毒物與細菌的世界，仍然能吃得健康的「存在」？「我的睫毛上甚至還有著許多蟎蟲呢！」他說。

最讓我獲得啟發的部分，是他提到心理學（Psychology）本是源自探索靈魂的「psy」，應該是一門探索靈魂的學問才對，如今卻失去了原意。每個人都有不同的靈魂形象，但近代心理學與精神病理學卻摒棄了這個普遍的概念。他還指出，精神治療學派視為人格結構核心的「壓抑」，並不單純是壓抑過去，其實也在壓抑自己的命運與感召。可惜的是，近代心理學家們對人類被「代蒙」守護一事相當不以為然，但那卻是我們生命中不可或缺的存在——因為我們是如此赤裸地被扔到這世上，有著根本上的脆弱與孤獨；更何況當我們遇上困難時，「代蒙」總幫我們度過難關。

那本書的主題涉及感召、守護神等靈性內容，說明的文字十分抽象，無法讀一次就完全明白。如果我試著從自己的經驗來理解「壓抑」，那就是不論心理師多努力洞察個案潛意識壓抑的事物，但充其量都只是源自童年時期與父母互動的記憶；真正的關鍵我們始終觸碰不到，那就是人類會壓抑自身的呼召以及值得被愛的事實。因此，我已決定以心理學家的身分，接受希爾曼所領悟的智慧，開始研究並思考「靈性心理治療」。

此刻，我也對你的內心感到好奇。事實上我們確實被某種力量保護、守護著，但我們時常會「壓抑」、「罔顧」這份眷顧，而一味地認為自己始終是脆弱、孤獨無依的存在。如果是這樣，是不是該試著接受希爾曼所說的「一直以來被我們遺棄的『存在』，如今我們應該重新呼喚它——無論你要稱它為固有圖像、氣質、性格、宿命、守護天使、感召、代蒙、靈魂、命運，叫什麼都好。」你會接受我的建議嗎？

如果你接受了這個觀點，就代表你已經踏出尋找生命價值與目的的第一步了。雖然無法明確得知最後一步會在哪裡、又會如何結束；無法得知自己能否在兒孫環繞下過著幸福的生活；無法得知自己能否登上喜馬拉雅山；無法得知能否穿著名牌精品，在大城市的摩天大樓頂端看著夜景，一邊欣賞上一季的最佳業績——然而可以肯定的是，無論到八十八歲還是九十八歲，你每天都會幸福地期待明天的到來。

如果你現在才二、三十歲，那你可以在每天醒來時，以「今天也來看看有什麼感召在等著我吧」的心情從床上一躍而起；當然，無論如何尋找感召，我們應該無法在垂垂老矣時仍能俐落地從床上躍起。雖然我距離八十歲還有很長一段路要走，但我曾在某天早上想到一個與下一本著作有關的絕佳點子時，瞬間從床上跳起來，沒想到卻傷到背和腰，難受了一星期以上。這也讓我領悟到年紀變大，身體會跟不上幸福；年輕的身體就是幸福的來源，既然無法與身手俐落的年輕人一較高下，那就欣羨他們吧！

尋找感召並這不容易，這點我相當明白。因為當你在尋找自己的價值與目的時，人們可能會反對你的決定與選擇，甚至還會嘲笑你。這時請記得提摩西．費里斯（Timothy Ferriss）在《人生給的答案》一書中，曾提起一位天生沒有四肢、卻被選為美國最佳身障選手的凱爾．梅納德（Kyle Maynard）說過的話：「人生在世，不順心的日子比順心的日子多上百倍，嘲笑我的人比支持我的人多數十倍。明知道會輸，我仍要奮不顧身。人生的道理很簡單，今天擁有的幸福不一定明天還有，但你只要重新尋找就可以了。」

不用強迫自己尋找偉大的價值與意義，不是唯有頂著「最好的」這個形容詞，才稱得上是有價值的人生。如果你僅僅是待在別人身邊，就能讓人感到輕鬆自在，那就足夠了。鼓勵他人追求目標、當對方感到挫折時提供安慰與稱讚，這類微小的親切，也可以是你的使命；如此一來，就能像「麵包師傑克布」*一樣，過著連靈魂都感到愉快的生活。對他人給予微小的親切、簡單的安慰、不誇飾的讚美……是你在憂鬱時偶爾也可以嘗試的事情。

✚ 無論在勞動還是休息，大腦都會想盡辦法找出能讓自己快樂、幸福的方法。

* 諾亞・賓謝（Noah BenShea）所著之寓言集《智慧的精靈》的主人翁。故事描述傑克布這位麵包師傅，總是充滿愛心和耐心地幫助人們尋找解決人生困境的鑰匙。

今天太陽也會繼續升起

前面我們看了許多身為心靈藥師該做的事，然而如果不去實踐，你也只是讀了一本書而已。為了幫助你實踐，這篇將介紹每天必須執行的例行事項。

或許你會覺得這個行程表與一般常見的有所不同，似乎有點荒唐，但這麼設計是為了不要錯過從早到晚可以促進血清素分泌的機會，所以我將這套行程命名為「血清素活動指南」。你可以跟目前的生活比較一下，看看每天應該特別注意什麼地方，好讓自己不錯過任何機會。

促進血清素分泌的一日行程

首先來唱一下每個韓國人都會唱的童謠〈圓圓的太陽升起了〉：

圓圓的太陽升起了，我從床上爬起來
先來刷牙吧，刷完上面刷下面
洗臉時要洗得乾乾淨淨
這裡那裡，脖子也要擦
梳梳頭髮，穿上衣服，照照鏡子
細嚼慢嚥吃完早餐，背上書包問候爸媽
出發去學校，朝氣蓬勃地出發

也許你會想起上學路上唱這首歌的回憶、跟朋友一起跳繩的回憶，那是個如陽光般和煦的季節。歌詞中的「去學校」近來常被改成「去幼兒園」，但不管歌詞怎麼改，現在唱起這首歌，還是讓人忍不住跟著節奏搖擺。

先唱這首童謠是為了讓我們這些大人注意到，自己的一天甚至不如幼兒。無論是小時候的自己還是現在的小孩，早上都是用這樣的順序開始新的一天，而且是笑著完成所有事。接下來，讓我們把歌詞改得更符合現實、更完整一點吧。

圓圓的太陽升起了（呀呼！天亮了！媽媽，太陽公公探出頭來了）

我從床上爬起來（嘿咻！起床吧！喂，你也醒醒啊，再不起來我就要對你施展放屁攻擊囉）

先來刷牙吧（嘿嘿嘿，牙膏就擠這麼多）

刷完上面刷下面（嘻嘻嘻，喂，牙菌斑在你的牙齒上探頭探腦呢，但我可沒有喔！）

洗臉時要洗得乾乾淨淨（呼哈呼哈！接受我的潑水攻擊！呀！）

這裡那裡，脖子也要擦（呵呵呵，好癢啊，好癢啊！）

梳梳頭髮，穿上衣服（媽媽，我頭髮纏住了，可能是螞蟻在我頭上築巢了）

照照鏡子（魔鏡啊魔鏡，我是全世界最美的人吧？）

細嚼慢嚥吃完早餐（哇，是熱狗！為什麼只給我一點點？再多一點，我需要更多熱狗好朋友）

背上書包問候爸媽（我出門了！嘿嘿，媽媽給我親親，好開心。喂，是我先按電梯的好嗎！）

出發去學校（早安，坐隔壁的同學！等等一起吃炒年糕玩遊戲吧，好開心！）

朝氣蓬勃地出發（今天午餐會有什麼菜呢？對了，今天超有趣的體育老師會來，哇，好開心啊！）

這個版本絕對不是虛擬的現實，而是每天早上孩子們會說的話；也因為孩子對每件事都有很大的反應，所以總會讓媽媽精疲力盡。即便如此，媽媽每天仍能承受這些騷動，是因為孩子這樣做才會感到幸福；如果他們每天早上不做括弧裡的行為或反應，反而很可能是生病或感到憂鬱。孩子們可沒什麼多「宏偉」的幸福，他們只是擁有能從起床、洗臉、刷牙這些日常生活中，找出巨大樂趣的純粹與智慧。

借用希爾曼的說法，就是他們還記得自己的「內在智慧」，尚未被「壓抑」。曾有心理學研究指出，孩子們之所以比大人更健康、免疫力更好，是因為他們每天平均都會笑上百次，而大人頂多笑數十次而已。老實說，我今天也還沒笑過呢。

我們會成為如此無趣的大人，肯定都有各自的原因。所以不要去期待什麼了不起的人生，而是可以試著在所有狀況中找到樂趣，讓自己擁有一天可以笑數百次的智慧。這世界為我們開啟無數的機會之窗，讓我們能夠看著今早仍然升起的圓潤太陽、讓我們能活得快樂一點，所以我們千萬別傻傻地用負面態度看待這世界。應該倏地起身，盡可能地愉快、朝氣蓬勃地度過一天。

可以模擬一下你每天大概的行程，並寫在後面的表格中。這邊先假設填表的人未婚且有工作，各位可配合自己的狀況重新調整。

每日行程	血清素活動指南	備註內容
起床	• 睜開眼睛露出微笑說「謝謝」 • 伸懶腰躺著做體操 • 決定今天也要充滿朝氣地度過 • 數一、二、三並起床 • 照顧動、植物 • 曬太陽 • 打開窗戶呼吸新鮮空氣 • 播放活潑的音樂	
洗臉、刷牙	• 用味道好聞的肥皂 • 看著鏡子笑	
準備早餐、吃飯	• 感謝自己每天都有東西可以吃 • 盡量使用天然食材 • 細嚼慢嚥 • 沒時間或沒胃口時就吃香蕉、蘋果、牛奶等富含色胺酸的食物	
準備上班	• 前一天先想好要穿什麼出門 • 提前查詢快速化妝的方法	

每日行程	血清素活動指南	備註內容
工作 (上午、下午)	• 專注工作 • 感覺有壓力時就深呼吸 →用三欄法把難過的事情寫下來，幫助自己「改變想法」或「自我對話」 →心情沒變好的話，晚上再做一次 • 有時間就喝水，吃簡單的點心 • 有時間就伸展	
午餐	• 可以的話盡量跟同事一起用餐、聊天、表達情緒 • 吃完飯後一定要花二十至三十分鐘散步、曬太陽 • 想一想讓自己感激的事	

每日行程	血清素活動指南	備註內容
下班後回到家以前	• 進行室外的愉快活動 →跟朋友見面 →參加藝文活動、休閒活動、自我啟發、運動等 →不要暴飲暴食，愉快地享用晚餐	
下班後回家	• 進行室內的愉快活動 →設定愉快活動鬧鐘並做家事 →騎室內自行車、看電視等 • 打電話給家人或朋友 • 為明天上班做準備	
就寢	• 躺下來進行感謝禱告 • 想像明天健康起床的樣子並入睡	
週末	• 充分曬太陽 • 做點運動 • 愉快地跟朋友見面 • 做點小菜	

表列出來後，你也許會覺得要做的事情突然變多了，但實際嘗試後就知道這些都是一下子就能完成的事。不過如果你已婚，尤其家裡有年幼的孩子或是職業婦女的話，那下班後到睡覺前的時間，就必須切分得比這更細十倍以上；不過至少起床後、午餐和就寢前可以安排差不多的內容。其實，對忙碌的現代人來說，「起床後」、「午餐」和「就寢前」是分泌血清素最重要的時段，所以請不要太有壓力，剩下的活動在週末補足就好。完全無法進行血清素分泌行程時，就花一分鐘進行感謝與冥想，隔天再帶著感謝的心起床，這樣血清素分泌的狀況會和什麼都不做產生極大的差異。

哄騙日常持續向前進

前面我們從「喜悅快樂」與「終極幸福」的層面來探討幸福，如果能從這兩層面的感受來完成每日行程，自然是最理想的狀態。兩者各占一半是最佳比例，假使只能做到九比一，那就要盡可能多做些讓自己感覺到終極幸福的事。

建議大家可以更積極一點，例如平日幫助他人、親切地為他人祈禱、週末去做義工等等。當然，若是重度憂鬱時，就先想辦法讓自己過得開心吧，等你擁有更多能量再去做義工。

不過，像「育兒」這種無法暫停的持續奉獻，與做義工是不太相同的概念，如果需要帶小孩的爸媽罹患憂鬱症，就會是一件讓人十分遺憾的事。因憂鬱而無法按照每日安排做事，一般人頂多就是搞砸自己的行程而已；但對有小孩的父母來說，則會連帶影響到小孩的行程，因而可能成為雙重打擊。

在我的諮商經驗裡，雖然諮商無法帶來太大的安慰，但跟未婚男女相比，有小孩的父母借助諮商的力量，能較快從憂鬱症中恢復。因為責任和義務不會讓我們感到無力，反而可以讓我們活得更健康，所以，讓我們一起努力吧！

哈佛醫學院生物學博士兼靈性研究者瓊恩・波利森科（Joan Borysenko）曾說，把注意力放在孩子身上也是一種冥想。把注意力放在孩子身上，就會讓人無暇思考別的事，確實不無道理。對職業婦女來說，睡前一分鐘冥想、起床後的三十秒感謝，以及對孩子付出自己的愛，都能促進血清素分泌——因為孩子看到圓圓的太陽升起會咯咯笑，他們是讓血清素分泌的精髓。就我的經驗來說，晚上讀童書給孩子聽再一起入睡，似乎是血清素能大量分泌的時段。

我提出這些建議只是參考用，每個人的時間安排都不一樣，但別忘了做愉快活動、好好吃、好好睡、運動、冥想，尤其要記得透過感謝去尋找人生的意義與目標，並在生活中嘗試一些愉快的治療活動。這些被我用一個詞語概括的活動，其實都非常普通，說成「治療」可能言重了，各位請不要把這些事看得太沉重。不過，除非是斷了腿必須躺在床上，否則在生活中實踐這些活動確實都是有效治療的指標，從這個層面來看這些事也非同小可。

最近我讀了兩本跟創傷有關的書，一本是前面提過的《心靈的傷，身體會記住》，另外一本則是《深井效應》。第二本書的作者娜汀·哈里斯（Nadine Burke Harris）是一位小兒科醫師，在社區服務時曾親眼目睹許多受到重大創傷衝擊或承受巨大壓力的小孩，這讓她認為幼年期的不幸與受損的健康之間，或許存在著某種「生物學上的關聯性」，因此她決定透過科學實驗來驗證這個理論。

她主張，面對一個承受巨大創傷的孩子，我們該做的不僅是以憐憫之心進行治療，更要讓孩子說出幼年期經歷的有害壓力在他們的身體、家庭、團體之中實際造成了哪些問題，並且應以社會問題的角度重新看待兒虐問題；這樣的主張獲得各界廣大的迴響。她也建議許多解決方案，例如孩子要獲得滿懷愛心的養育者支持，同時也要建立能保障孩子健康權與學習權的社會制度等。

《心靈的傷，身體會記住》的作者貝塞爾．范德寇也是一位鑽研創傷後壓力症候群的國際權威，他跟娜汀．哈里斯一樣主張創傷並非個人問題，而是必須放大成家庭或社會問題來看待。他也主張將傳統療法與替代療法結合，就能改變大腦的排列狀態，找回對身體的控制力，重新建立新的人生。他提議的替代療法包括瑜伽、神經療法、戲劇療法、運動、藝術活動、當義工、指壓療法、冥想等等。

兩位專家所提出的治療方式中，除了神經療法與戲劇療法之外，其他的方法不都是我們前面看過的嗎？范德寇提醒我們，那些未能解決並一直留存下來的家族創傷會代代相傳，不僅對個人的身心造成問題，也會對整體社會造成影響。不過只要進一步了解就會發現，要讓這些受創傷所苦的患者好轉，方法其實稀鬆平常。

雖然稀鬆平常，但這些方法的效果絕對不差。范德寇說，如果你想從創傷中恢復，就必須找回自我身心的所有權，所以我們必須以輕鬆的態度接受自己所知的事實，並且不要對那件事感到壓力、憤怒或羞恥，必須感受那件事原本的樣子。對此，他提出以下的具體建議：

1 找到一種能保持冷靜和專注的方法

2 即使遇到會讓你想起過去的圖像、想法、聲音和身體感受，也學會能夠保持冷靜

3 學會踏實地活在當下，並關心身邊的人

我們可以發現，他建議的運動、冥想、藝術活動與說話、寫作等，其實都是相同的方向與脈絡；如果想踏實地專注在當下，自然就得好好處理日常生活中的每件平凡小事。假使你在諮商室裡能接受、理解這些觀念，回到生活中卻又過得一團亂，那就不能說是真正的治療；畢竟，「平凡才能成就偉大」。

因長期受虐而沉默寡言的人，可透過這些平凡的方法慢慢克服創傷，就能讓自己的生活過得越來越平靜，也能一點一點地向前進。如果想為自己寫一本自傳式散文，書名就應該是「吃，禱告，愛，享受，工作，運動，冥想並感謝」，雖然看起來有點土氣，但我們乾脆就活得土氣一點吧！比起活得很氣派卻非常不安，不如活得俗氣卻平靜。

吉兒伯特靠著吃美食、禱告、愛人擺脫憂鬱，並意外地成為暢銷作家，你也可以透過吃美食、禱告、愛人、享受生活、工作、運動、冥想、感謝來讓自己過得幸福。這樣一來你就有機會擺脫憂鬱，並過上意想不到的人生。

如果你做了任何決定，別在做完決定後一個月就檢視自己是否正確，要盡量試著用「做到這樣已經很棒、很夠了」的樂觀態度面對。一個月後如果沒出現什麼重大缺失，就繼續這樣過一個月看看，最重要的是要為自己的選擇負責。「這是我選的工作、這是我選的婚姻，所以我必須負起責任才對。」像這樣用帥氣的態度面對，那麼這世界也會用很帥氣的方式回應你。如果心中浮現對自己的失望、不滿，那就試著以「這超出我負荷了」的態度，封鎖那些負面感受吧。

你只須持續前進——走出戶外時，可以細數自己喜歡、滿意的事物，例如陽光、風、喜歡的咖啡廳和食物、餐廳等；進到購物中心時，就用「哇，好棒的衣服，下次一定要買下來」的態度，先把中意的東西放入購物清單。即使真正下手的時間是十年後，你也可以先用這種方式讓自己心情變好。心情要先好起來，才有機會享受未來的派對。

如果「不想運動」，就用「出門散散步就好」的心情安撫自己；如果懷有「怎麼可能運動一小時」的抗拒心態，就告訴自己「只做十分鐘就好」；如果質疑「一星期要怎麼運動三次」，就嘗試以「運動一次就好」來自我說服。這樣一來，不知不覺間你的生活、整個世界都會再次變得明亮。

絕對有屬於你的「露德聖水」

索妮亞・柳波莫斯基是一位重視科學探索的心理學教授，但她在《練習，讓自己更快樂》一書中介紹的「以容器封印擔憂」的方法，卻是童書裡才會出現的內容。她會把令自己頭痛的事情寫成日記或信件，實體化後放入容器中封印起來。這個行為確實能幫助人們在心理上將問題或擔憂排除掉，她說「雖然這看起來有點傻」，但還是想建議讀者們嘗試看看。

我們要封印的事情堆積如山——人為何要出生、為何感到痛苦還是要活下去、死了之後能否解決所有問題、為何沒有人能理解我的心、明明已經盡力了為何人生還是這副德性、究竟還要多努力等問題，我們至今仍找不到答案，不如就試著將問題放入容器中封印，再順著找到的答案所指引的道路前進。如果你不確定眼前的答案是否正確，不如以「雖然不曉得實際是怎樣，但往這方向走好像沒錯，試試看，不行再回頭就好」的態度，放寬心向前進。

柳波莫斯基之所以建議這個方法，是因為她認為封印後就能遺忘那些擔憂。但我認為一年後可以再回過頭來，確認這些封印的問題是否仍未找到解答，或至少已找到一個解答了，也是不錯的方法。一年後仍舊沒有答案的問題就再次封印，繼續等一年後再回頭確認是否有所改變。讓我們把打開封印做確認的時間當作「擔心的時間」吧！只須在那個時候去擔心、去思索「現在該怎麼做才能讓自己幸福、也讓他人感到平靜」這類問題。

儘管這個方法「看起來像傻瓜」，但有時我們必須活得像個傻瓜。不，總是像個傻瓜一樣過著俗氣的生活，偶爾成熟一次或許才是人生的真諦。即使看起來像個傻瓜、像童話一樣夢幻，但這些方法之所以有效，正是因為它們很傻、很不切實際，卻能讓我們持續懷抱「聽說只要這樣那樣，就能過得很幸福」的期待。

而懷抱期待到最後，肯定能得到理想的結果。假使無法獲得理想結果，也已經活出非常精彩的人生了。畢竟「成功的人生不是看結果，乃是取決於生活中充滿了多少期待」，這是美國知名部落客提姆．厄本（Tim Urban）說的話，提摩西．費里斯也曾在自己的書中說過。

前面提到由喬．馬琴所撰寫的《治癒力》一書，曾生動地描述治療現場中那些一般人難以觸及的故事；對我這種臨床學者來說，這真的是一本讓人十分感激的書。書中收錄了一則與露德聖母（Our Lady of Lourdes）有關的故事，雖然我本來就知道被稱為「治癒之泉」的「露德聖水」，但書中與露德醫療辦事處（Lourdes Medical Bureau）主席亞歷山德羅．法蘭西斯（Alessandro de Franciscis）的訪談，卻是我在其他地方少見的珍貴內容。

根據法蘭西斯所言，如果露德國際醫療委員會（International Medical

Committee of Lourdes）接獲有人喝了露德聖水並痊癒的報告，就會寄出診斷書*，確認該案例是否真的屬於神蹟，並留下正式的醫療記錄。一八五八年一名十四歲的少女宣稱曾在此親眼見過聖母瑪利亞十八次之後，這個地方就被認證為奇蹟之地，每年有超過五百萬人從世界各地來此朝聖，卻只有六十九人得到官方認證為神蹟。法蘭西斯說：「這麼多年來僅僅六十九人痊癒，換成是醫院明天就得關門了。不過露德聖水並不是醫院，而是一個做禮拜的地點。」

在露德，患者不會被當成患者，而是會被當成「一個人」，所有的人會自然地一起唱歌、禱告、對話、跳舞、喝酒。用馬琴的話來說，這是「結合人類意識的治癒」。

法國政府並沒有大肆宣傳國內有這樣的奇蹟之泉，反而是透過徹底的醫療檢驗，讓世人看見最直接的統計數據，這是讓我感到欣喜的地方。如果住在一個擁有被人們相信是奇蹟之泉的國家，這個國家還想將這奇蹟之泉擴大成結合人類全體意識的治癒系統，那我們應該會比較幸福吧？前面我說過，安慰劑效應對我非常有效，如果我去到露德聖水，或許會讓獲得神蹟的統計數字變成七十也說不定。

不過，即使不知遙遠的將來會如何，我目前並沒有前往露德聖水的念頭。無論是要穿上類似尿布的衣服、在義工協助下泡在水裡，還是得接受複雜的醫療檢驗等等都是麻煩事；更重要的是，即便無法旅行、無法喝到泉水，我已經知道該如何變幸福了。

陷入憂鬱時別稱自己為患者，只要想成是需要短暫靠藥物或心理治療的協助就好。然後先找到愉快的事情，把今天當成世界末日一樣好好地享受；但別忘了，要警戒負面想法，以及謹記人生的意義與連結。如果對與人連結沒興趣，也可關注神、天使、動物、植物、食物、音樂或打毛線、刷油漆之類的事；除了人之外，也可嘗試與這個宇宙的存在建立連結。如果還有餘力，就祈禱那些對自己不友善的人可以保持心靈平和；還有更多餘力的話，就冥想吧！最重要的是，別忘了感謝。

雖然馬琴用脫離主流醫學的治療方法來回憶與書寫，但她驗證了包括安慰劑效應等替代醫學療法的力量。她說：「我學過的所有方法都有一個重要的原則，那就是只要感覺我們自己是安全的、被愛的，以及在可控制的狀況下，就能順利克服問題。」這是一個值得我們銘記在心的結論。

當然，這可能不是什麼新觀點，不過如果你不曾感受過這種感覺，那你必須「重新」思考看看，是否嘗試接受他人的協助來獲得這種安全、被愛的感受。先嘗試自己能做到的事吧！比方先成為心靈藥師。

成為藥師之前必須閱讀很多參考文獻，本書也是眾多參考書目之一。如果能夠提供你協助，那我打從心底感到高興；若是沒幫上忙，也希望你不要停下腳步，繼續透過其他的書籍、治療方式與專家來找到幸福。在這個世界上，肯定有屬於你的露德聖水。

✚ 這世界為我們開啟無數的機會之窗，讓我們能夠看著今早仍然升起的圓潤太陽。

＊露德醫療辦事處會將經由「露德聖水」治癒的案例，轉交給露德國際醫療委員會進行醫學調查，確認是否屬於神蹟。

敬，簡單且隨時都感到幸福的人生

這是我在讀哈拉瑞（Yuval Noah Harari）《人類大歷史》時的事。這本濃縮、描寫七萬年人類歷史的書，韓文版的副標題是「人類的歷史是個大膽又偉大的提問」。哈拉瑞相當大膽地從人類的進化開始，鉅細靡遺地描述人類學、經濟學、生物學、心理學等與人類相關的內容，是本非常偉大的著作。

不過令我感到驚喜的，是書中談論與幸福相關的內容。在「化學的幸福」這個小章節中，他提到我們的精神世界與情感世界受生物化學系統支配，決定心情的東西其實是「血清素」。也提到在歷史進展上，決定人類是否幸福的關鍵只有一個——那把幸福鑰匙，就在我們的生化系統。

本以為他會宏大地談論幸福，沒想到結論卻是神經化學傳導物質，這讓我措手不及，不過在看完他後續的說明後，我就更加理解他的觀點了。他說，大多數的歷史書籍都在談論社會結構的改變、帝國的興衰、技術的發展與傳播，卻沒有任何人談論個人的幸福與痛苦對這些事情造成何種影響；他認為「這在理解我們的歷史上留下了最大的空白，我們必須開始填補這個空白。」

這段話的意思，可以指沒人談論過與個人幸福有關的歷史，也可以指歷史上沒有值得一提的個人幸福可以書寫。如果從他形容生化系統是「唯一擁有實質重要性的歷史進展」來看，後者的解釋顯然更合理。我是以這種方式理解他口中的「化學式幸福」——他以批判性的口吻描述，除了生物化學系統以外，目前無法明確指出有什麼其他事物與個人幸福有關；所以，此刻能做的就是讓血清素多多分泌。

沒想到多年後，我竟然在寫一本同意哈拉瑞觀點的書，這感覺真是奇特。從實際的治療層面來看他的主張，會發現有對也有錯。舉一個最簡單的例子，當我們對憂鬱症患者投以神經傳導物質時，有些人會好轉，有些人則不會好轉。實際在臨床上，確實有不如理論那般發揮強烈效果的狀況存在。

不過即使只對一半，臨床第一線、尤其患者本人仍然不得不嘗試，因為「化學式幸福」在治療層面上確實相當有用。當我們接受幸福是神經傳導物質的作用時，最大的好處就是情緒不須受到「幸」與「不幸」牽動。

理想無法實現的失望感，相當於壓力荷爾蒙分泌一次的分量，所以只須分泌更多血清素，就能使大腦判斷我們「在化學上」是幸福的。已經到達化學式幸福的狀態，卻依舊認為「啊，壓力，好煩，要瘋了」，那壓力荷爾蒙就會繼續分泌第二次、第三次，你的內心也會持續天人交戰。

反過來說，發生期待之事時，血清素分泌也不如想像中長久。心理學研究已經證實中樂透後過六個月，中獎者就會回到中獎前的狀態。所以，人生不是靠一次巨大的幸福就一勞永逸，而是必須隨時維持幸福。幸好，雖然我們很難隨時感受到巨大幸福，卻能隨時讓自己感到小小幸福。更值得慶幸的是，無論幸福是大是小，血清素都沒有差別，這也是我寫這本書的原因。

當然，我認為幸福的方法不是吃藥，而是靠心靈的努力，而且我們也一定要這麼做，因為這沒有副作用且效果能夠持續，也能從根本上讓自己恢復。憂鬱症藥物雖能降低憂鬱感，卻無法為你的人生帶來喜悅；最重要的是，藥物無法清除使你罹患憂鬱症的原因，你必須自己處理。

讓我們冷靜地正視幸福的現實：在聽到別人告白說愛你之前、在坐上結婚禮車之前、在生小孩之前、在收到錄取通知之前的情緒是最開心的——一旦理想實現後，情緒自然會漸漸走下坡，且下降速度非常快。這也是為什麼有人說夫妻之間的愛會冷卻，這是因為愛情荷爾蒙的有效期限不超過三年。若真是如此，那我們不如承認幸福感持續的時間很短且可變，會受荷爾蒙或神經傳導物質的數值左右，然後下定決心讓自己持續分泌這些好物質，才是當下最好的方法。在我們創造出值得書寫在史書上的社會級、國家級幸福系統之前，我們只能這麼做。

比爾．布萊森（Bill Bryson）在《身體》一書中說，人類的大腦其實不須如此高性能，他甚至提出質疑：「在地球上生存，其實不需要沉溺於音樂創作和哲學的能力，只要比四隻腳動物更會跑就可以了。但為何我們還是投資這麼多的資源並承受危險，只為了擁有這些不必要的精神能力呢？」

我想，這個問題的答案是——為了成為心靈藥師。雖然我們不會音樂創作，但可以理解音樂；雖然我們不擅長哲學，但能夠理解哲學，這些都是為了讓你在這個對你的幸福絲毫沒興趣的世界上，能夠保護並維持著自己的平和。是音痴也好、完全不知道哲學家的名字也罷，這些事物至少能讓你不須借助他人之手就能安撫自己的心。

如果你緊握的風帆桅桿已經斷裂，不如暫時停靠在有著小小喜悅的港灣，嘗試讓自己恢復安穩。這樣一來，你便會知道自己該用心在哪、真正該珍惜的人是誰，然後再開展另一張風帆繼續航行。如果你做了能幫助他人幸福的事，那是一件好事；不過我們要下定決心，別把自己的幸福交付在他人手上，這樣人生才能輕巧明快地判斷哪張風帆應該繼續使用，而哪張風帆需要放棄。若想擺脫憂鬱，人生就要輕巧。

雖然這本書在講述讓人生輕巧且能過得幸福的方法，但依舊有許多尚待補充的地方；與其說這是不足，我更希望這些空白能由你的幸福來填補。腦細胞（神經元）又小又精密，跟彼此緊密相連的一般細胞不同，它們就像一條長長的戰線，一個接一個的細胞將電子訊號傳達下去。細胞間有空隙，資訊就在這些空隙之間傳遞，後位的細胞總像光標一樣不停閃爍，準備接收前位細胞傳送的資訊。

只要你用好想法填滿這些空隙，便能很快地找到幸福；若不這麼做，空隙將會被他人的想法占領。這些空隙是上帝賜予的幸福空白，希望你別錯過這份祝福。

附錄

二十一天的幸福調配日誌

事前準備

- ✔ 1 心靈藥師筆試一百分（參考第六十一頁）
- ✔ 2 幸福宣誓（參考第六十三頁）
- ✔ 3 三欄法用紙（參考第七十頁）
- ✔ 4 認知扭曲矯正表（參考第八十五頁）
- ✔ 5 建立愉快活動目錄（參考第一百四十三頁）
- ✔ 6 血清素活動指南（參考第二百二十七頁）

第一章結束前我們做了筆試，如果還沒做請先完成；第二章、第三章及接下來的內容，則可當成是實際考試。即使在筆試裡拿了一百分，卻沒通過實際考試的話，就要花很多時間才能拿到心靈藥師的執照。筆試比較簡單且允許大家「作弊」，但實際考試也不困難。

現在開始要寫的日記，只要每天有一項或每三天有一項標示 OK，就算通過考試。如果是一星期只完成一項呢？那就有點麻煩了，最少每三天做一次，可以讓大腦開始形成習慣幸福的迴路。如果間隔超過三天，迴路就會一下開啟一下關閉，反而沒有效率，大腦或許還會抱怨：「這是在幹嘛？到底要不要感到幸福啊？主人到底想怎樣？指示要下得明確，我才更有動力工作啊！」這樣一來，幸福對你來說可能就像逢年過節才能吃一次的大餐一樣稀少了。

我們要成為美味的幸福餐廳，讓大腦可以愉快地工作。希望你可以撰寫幸福調配日誌，並盡快養成幸福的習慣。幸福調配日誌設定成二十一天，這是根據養成習慣至少需要二十一天的腦科學研究來規畫的；能記錄越久效果自然越好，希望你可以建立屬於自己的筆記並持續記錄。若要確實養成習慣，我建議時間是三至六個月，但先來挑戰二十一天吧！

如果說第三章的「每日行程表」是促進血清素分泌的單次檢驗表，那麼這份幸福調配日誌就是在一天結束時，每天檢驗自己是否有實踐要做的事——尤其是希望透過這個方式來集中、排解當天累積的壓力。雖說要寫幸福調配日誌，但其實「調配」與「製造」有著很微妙的差異。根據字典的定義，「製造」是「工廠大規模製作物品」的意思，「調配」則是「配合訂單製作物品，調整並製作」的意思。這份日誌是配合你的訂單，也就是配合你的想法來調整並製作幸福，所以才名之為「調配」。讓我們用「好，今天就用一匙血清素加半匙多巴胺」的態度，嘗試調配幸福吧！

說到照你的理想調配幸福時，我想到一件事。對某些人來說，成功是這世上最幸福的事，但本書卻經常使用「感謝」、「滿足」等詞彙來定義幸福，或許有人會覺得我不重視「成功」的幸福。之所以如此，是因為我認為以成功定義幸福的人，不會閱讀這種強調在生活中找到幸福的書。其實，如果想獲得真正的成功，日常生活就必須穩定，否則即便成功了卻錯過小小的樂趣，幸福感也不會持久。

正因如此，我才沒刻意將成功的幸福放入書中，同時也是我真心希望你能獲得真正的幸福。不過，確實很少有詞彙能像「成功」一樣，讓人感到悸動、充滿動力，所以我在幸福調配日誌的表格最後，加上一條「為成功付出的努力」。

如果你在為成功付出的過程中停下了腳步，可以藉由本書介紹的方法重新獲得力量並再次嘗試，那麼夢想就離你不遠了。當你把小小的幸福看得很重要，你不僅能縮短抵達成功的道路，也會明白「過程比結果更重要」這句話——這是許多歷盡千辛萬苦終於成功的人所得出的寶貴結論。此外，不要只關注令人稱羨的成功，如果能從成長、學習、分享等更多不同層面來定義成功，你的腳步將會更輕盈。輕鬆的人、享受的人，最後都能獲得真正的成功。

範例

今天的重點事件：組長批評我

當時的想法與情緒：覺得丟臉也覺得生氣

項目	實踐	內容	決心
找出大腦的謊言	ok	你真的無藥可救。	
為想法評分	ok	6分。同事安慰我，所以心情沒有更差。	要繼續跟同事保持好關係！
找出認知扭曲	ok	我總是在犯錯。	
找出自暴自棄式的信念	ok	不能犯錯。	
找出正向的自我對話	ok	我不是總在犯錯，而是偶爾會犯錯而已。 世界上沒有人不犯錯啊。 要犯錯才會有魅力。	
尋找現實的解決方案	ok	要請前輩針對犯錯的原因給我一點建議。 如果這幾天一直很憂鬱，那就去公司的諮商室吧。	
將注意力往正向調整	ok	下午班開始之前，看了一支五分鐘的搞笑影片。	
聊天、說出心聲、錄音或寫日記	ok	在日記裡坦率地寫下了對組長的想法。最後以正向自我對話結束。	
愉快的活動	ok	下班後跟朋友去吃炸雞、喝啤酒。還聽了音樂，聽了「只要活下去」覺得被安慰。	
運動、曬太陽	T T		週末一定要做
做家事	ok	醃鵪鶉蛋成功。 好棒！	
打電話給家人或朋友	T T		明天要做
感謝	ok	有好朋友！	
深呼吸、冥想	ok	現在要來做了。	
為成功付出的努力	ok	讀了證照教材十頁。	週末要挑戰五十頁！

其他：

Day 1

今天的重點事件：
當時的想法與情緒：

項目	實踐	內容	決心
找出大腦的謊言			
為想法評分			
找出認知扭曲			
找出自暴自棄式的信念			
找出正向的自我對話			
尋找現實的解決方案			
將注意力往正向調整			
聊天、說出心聲、錄音或寫日記			
愉快的活動			
運動、曬太陽			
做家事			
打電話給家人或朋友			
感謝			
深呼吸、冥想			
為成功付出的努力			
其他：			

今天的重點事件：
當時的想法與情緒：

Day 2

項目	實踐	內容	決心
找出大腦的謊言			
為想法評分			
找出認知扭曲			
找出自暴自棄式的信念			
找出正向的自我對話			
尋找現實的解決方案			
將注意力往正向調整			
聊天、說出心聲、錄音或寫日記			
愉快的活動			
運動、曬太陽			
做家事			
打電話給家人或朋友			
感謝			
深呼吸、冥想			
為成功付出的努力			
其他：			

今天的重點事件：
當時的想法與情緒：

Day 3

項目	實踐	內容	決心
找出大腦的謊言			
為想法評分			
找出認知扭曲			
找出自暴自棄式的信念			
找出正向的自我對話			
尋找現實的解決方案			
將注意力往正向調整			
聊天、說出心聲、錄音或寫日記			
愉快的活動			
運動、曬太陽			
做家事			
打電話給家人或朋友			
感謝			
深呼吸、冥想			
為成功付出的努力			
其他：			

Day 4

今天的重點事件：
當時的想法與情緒：

項目	實踐	內容	決心
找出大腦的謊言			
為想法評分			
找出認知扭曲			
找出自暴自棄式的信念			
找出正向的自我對話			
尋找現實的解決方案			
將注意力往正向調整			
聊天、說出心聲、錄音或寫日記			
愉快的活動			
運動、曬太陽			
做家事			
打電話給家人或朋友			
感謝			
深呼吸、冥想			
為成功付出的努力			
其他：			

Day 5

今天的重點事件：
當時的想法與情緒：

項目	實踐	內容	決心
找出大腦的謊言			
為想法評分			
找出認知扭曲			
找出自暴自棄式的信念			
找出正向的自我對話			
尋找現實的解決方案			
將注意力往正向調整			
聊天、說出心聲、錄音或寫日記			
愉快的活動			
運動、曬太陽			
做家事			
打電話給家人或朋友			
感謝			
深呼吸、冥想			
為成功付出的努力			
其他：			

Day 6

今天的重點事件：
當時的想法與情緒：

項目	實踐	內容	決心
找出大腦的謊言			
為想法評分			
找出認知扭曲			
找出自暴自棄式的信念			
找出正向的自我對話			
尋找現實的解決方案			
將注意力往正向調整			
聊天、說出心聲、錄音或寫日記			
愉快的活動			
運動、曬太陽			
做家事			
打電話給家人或朋友			
感謝			
深呼吸、冥想			
為成功付出的努力			
其他：			

Day 7

今天的重點事件：
當時的想法與情緒：

項目	實踐	內容	決心
找出大腦的謊言			
為想法評分			
找出認知扭曲			
找出自暴自棄式的信念			
找出正向的自我對話			
尋找現實的解決方案			
將注意力往正向調整			
聊天、說出心聲、錄音或寫日記			
愉快的活動			
運動、曬太陽			
做家事			
打電話給家人或朋友			
感謝			
深呼吸、冥想			
為成功付出的努力			
其他：			

Day 8

今天的重點事件：
當時的想法與情緒：

項目	實踐	內容	決心
找出大腦的謊言			
為想法評分			
找出認知扭曲			
找出自暴自棄式的信念			
找出正向的自我對話			
尋找現實的解決方案			
將注意力往正向調整			
聊天、說出心聲、錄音或寫日記			
愉快的活動			
運動、曬太陽			
做家事			
打電話給家人或朋友			
感謝			
深呼吸、冥想			
為成功付出的努力			
其他：			

Day 9

今天的重點事件：
當時的想法與情緒：

項目	實踐	內容	決心
找出大腦的謊言			
為想法評分			
找出認知扭曲			
找出自暴自棄式的信念			
找出正向的自我對話			
尋找現實的解決方案			
將注意力往正向調整			
聊天、說出心聲、錄音或寫日記			
愉快的活動			
運動、曬太陽			
做家事			
打電話給家人或朋友			
感謝			
深呼吸、冥想			
為成功付出的努力			
其他：			

Day 10

今天的重點事件：
當時的想法與情緒：

項目	實踐	內容	決心
找出大腦的謊言			
為想法評分			
找出認知扭曲			
找出自暴自棄式的信念			
找出正向的自我對話			
尋找現實的解決方案			
將注意力往正向調整			
聊天、說出心聲、錄音或寫日記			
愉快的活動			
運動、曬太陽			
做家事			
打電話給家人或朋友			
感謝			
深呼吸、冥想			
為成功付出的努力			
其他：			

Day 11

今天的重點事件：
當時的想法與情緒：

項目	實踐	內容	決心
找出大腦的謊言			
為想法評分			
找出認知扭曲			
找出自暴自棄式的信念			
找出正向的自我對話			
尋找現實的解決方案			
將注意力往正向調整			
聊天、說出心聲、錄音或寫日記			
愉快的活動			
運動、曬太陽			
做家事			
打電話給家人或朋友			
感謝			
深呼吸、冥想			
為成功付出的努力			
其他：			

Day 12

今天的重點事件：
當時的想法與情緒：

項目	實踐	內容	決心
找出大腦的謊言			
為想法評分			
找出認知扭曲			
找出自暴自棄式的信念			
找出正向的自我對話			
尋找現實的解決方案			
將注意力往正向調整			
聊天、說出心聲、錄音或寫日記			
愉快的活動			
運動、曬太陽			
做家事			
打電話給家人或朋友			
感謝			
深呼吸、冥想			
為成功付出的努力			
其他：			

Day 13

今天的重點事件：
當時的想法與情緒：

項目	實踐	內容	決心
找出大腦的謊言			
為想法評分			
找出認知扭曲			
找出自暴自棄式的信念			
找出正向的自我對話			
尋找現實的解決方案			
將注意力往正向調整			
聊天、說出心聲、錄音或寫日記			
愉快的活動			
運動、曬太陽			
做家事			
打電話給家人或朋友			
感謝			
深呼吸、冥想			
為成功付出的努力			
其他：			

今天的重點事件：
當時的想法與情緒：

Day 14

項目	實踐	內容	決心
找出大腦的謊言			
為想法評分			
找出認知扭曲			
找出自暴自棄式的信念			
找出正向的自我對話			
尋找現實的解決方案			
將注意力往正向調整			
聊天、說出心聲、錄音或寫日記			
愉快的活動			
運動、曬太陽			
做家事			
打電話給家人或朋友			
感謝			
深呼吸、冥想			
為成功付出的努力			
其他：			

Day 15

今天的重點事件：
當時的想法與情緒：

項目	實踐	內容	決心
找出大腦的謊言			
為想法評分			
找出認知扭曲			
找出自暴自棄式的信念			
找出正向的自我對話			
尋找現實的解決方案			
將注意力往正向調整			
聊天、說出心聲、錄音或寫日記			
愉快的活動			
運動、曬太陽			
做家事			
打電話給家人或朋友			
感謝			
深呼吸、冥想			
為成功付出的努力			
其他：			

今天的重點事件：
當時的想法與情緒：

Day 16

項目	實踐	內容	決心
找出大腦的謊言			
為想法評分			
找出認知扭曲			
找出自暴自棄式的信念			
找出正向的自我對話			
尋找現實的解決方案			
將注意力往正向調整			
聊天、說出心聲、錄音或寫日記			
愉快的活動			
運動、曬太陽			
做家事			
打電話給家人或朋友			
感謝			
深呼吸、冥想			
為成功付出的努力			
其他：			

Day 17

今天的重點事件：
當時的想法與情緒：

項目	實踐	內容	決心
找出大腦的謊言			
為想法評分			
找出認知扭曲			
找出自暴自棄式的信念			
找出正向的自我對話			
尋找現實的解決方案			
將注意力往正向調整			
聊天、說出心聲、錄音或寫日記			
愉快的活動			
運動、曬太陽			
做家事			
打電話給家人或朋友			
感謝			
深呼吸、冥想			
為成功付出的努力			
其他：			

今天的重點事件：
當時的想法與情緒：

Day 18

項目	實踐	內容	決心
找出大腦的謊言			
為想法評分			
找出認知扭曲			
找出自暴自棄式的信念			
找出正向的自我對話			
尋找現實的解決方案			
將注意力往正向調整			
聊天、說出心聲、錄音或寫日記			
愉快的活動			
運動、曬太陽			
做家事			
打電話給家人或朋友			
感謝			
深呼吸、冥想			
為成功付出的努力			
其他：			

Day 19

今天的重點事件：
當時的想法與情緒：

項目	實踐	內容	決心
找出大腦的謊言			
為想法評分			
找出認知扭曲			
找出自暴自棄式的信念			
找出正向的自我對話			
尋找現實的解決方案			
將注意力往正向調整			
聊天、說出心聲、錄音或寫日記			
愉快的活動			
運動、曬太陽			
做家事			
打電話給家人或朋友			
感謝			
深呼吸、冥想			
為成功付出的努力			
其他：			

Day 20

今天的重點事件：
當時的想法與情緒：

項目	實踐	內容	決心
找出大腦的謊言			
為想法評分			
找出認知扭曲			
找出自暴自棄式的信念			
找出正向的自我對話			
尋找現實的解決方案			
將注意力往正向調整			
聊天、說出心聲、錄音或寫日記			
愉快的活動			
運動、曬太陽			
做家事			
打電話給家人或朋友			
感謝			
深呼吸、冥想			
為成功付出的努力			
其他：			

Day 21

今天的重點事件：
當時的想法與情緒：

項目	實踐	內容	決心
找出大腦的謊言			
為想法評分			
找出認知扭曲			
找出自暴自棄式的信念			
找出正向的自我對話			
尋找現實的解決方案			
將注意力往正向調整			
聊天、說出心聲、錄音或寫日記			
愉快的活動			
運動、曬太陽			
做家事			
打電話給家人或朋友			
感謝			
深呼吸、冥想			
為成功付出的努力			
其他：			

第一章

◇ 詹姆斯．博格（James Borg），《心的力量》（*Mind Power*，暫譯），2011

◇ 凱洛．哈特（Carol Hart），《血清素的祕密》（*Secrets of Serotonin*，暫譯），2010

◇ 馬克．曼森（Mark Manson），《一切都搞砸了》（*Everything Is F*cked*，暫譯），2019

◇ 大衛．伯恩斯（David D. Burns）、李亞萍譯，《伯恩斯新情緒療法》，中國城市出版社，2011

◇ 丹尼爾．亞門（Daniel G. Amen）、林志懋譯，《補腦全書》，早安財經文化有限公司，2008

◇ 傑佛瑞．史瓦茲（Jeffrey M. Schwartz），《大腦如何欺騙你》（*You Are Not Your Brain*，暫譯），2011

第二章

◇ 卡拉．史塔爾（Karla Starr）、劉復苓譯，《七的好運法則》，天下雜誌，2019

◇ 瑪西．許莫芙（Marci Shimmoff）、卡蘿．克萊（Carol Kline）、陳敬旻譯，《快樂，不用理由》，時報出版，2015

to Leave, Too Bad to Stay，暫譯），1997
◊ 羅伯特・席爾迪尼（Robert Cialdini）、劉怡女譯，《鋪梗力》，時報出版，2017
◊ 貝塞爾・范德寇（Bessel van der Kolk）、劉思潔譯，《心靈的傷，身體會記住》，大家出版，2017
◊ 甘德絲・柏特（Candace B. Pert）、傅馨芳譯，《情緒分子的奇幻世界》，張老師文化，2011
◊ 柯亞力（Alex Korb）、張美惠譯，《一次一點，反轉憂鬱》，張老師文化，2017
◊ 索妮亞・柳波莫斯基（Sonja Lyubomirsky）、謝明宗譯，《練習，讓自己更快樂》，久石文化，2016
◊ 理查・戴維森（Richard J. Davidson）、夏倫・貝格利（Sharon Begley）、洪蘭譯，遠流出版，2013

第三章

◊ 伊莉莎白・吉兒伯特（Elizabeth Gilbert）、何佩樺譯，《享受吧！一個人的旅行》，馬可孛羅，2010
◊ 法蘭斯瓦・萊洛（Francois Lelord）、趙英譯，《艾克托的幸福筆記》，商周出版，2007
◊ 伊莉莎白・吉兒伯特（Elizabeth Gilbert）、鄭煥昇譯，《創造力》，馬可孛羅，2016

◇伊莉莎白·吉兒伯特（Elizabeth Gilbert）、鄭煥昇譯，《創造力》，馬可孛羅，2016

◇羅伯·茂爾（Robert Maurer）、謝佳真譯，《涓滴改善富創巨大成就》，李茲文化，2021

◇李時炯（이시형），《做血清素吧！》（세로토닌하라!，暫譯），2010

◇史提芬·岡德里（Steven Gundry）、林潔盈譯，《長壽的悖論》，文經社，2019

◇雅莉安娜·赫芬頓（Arianna Huffington）、洪慧芳譯，《愈睡愈成功》，商業周刊，2016

◇米謝爾·蓋諾（Mitchell L. Gaynor），《聲音的療癒力量》（*The Healing Power of Sound*，暫譯），2002

◇紀·科諾（Guy Corneau），《生命最後一刻所面對的事物》（*Revivre!*，暫譯），2011

◇喬·馬琴（Jo Marchant）、朱浩一譯，《治癒力》，愛米粒，2016

◇樺澤紫苑、楊毓瑩譯，《別再錯用你的腦》，大牌出版，2018

◇李賢秀（이현수），《今天也，金感謝》（오늘도，골든 땡큐，暫譯），2016

◇詹姆斯·博格（James Borg），《心的力量》（*Mind Power*，暫譯），2011

◇珍妮絲·卡普蘭（Janice Kaplan）、巴納比·馬殊（Barnaby Marsh）、林靜華譯，《幸運的科學》，平安文化，2019

◇芭芭拉·布萊德里·哈格提（Barbara Bradley Hagerty）、賴皇伶譯，《重新定義人生下半場》，馬可孛羅，2017

◇詹姆斯·希爾曼（James Hillman）、薛絢譯，《靈魂密碼》，心靈工坊，2015

◊ 提摩西・費里斯（Timothy Ferriss）、金瑄桓譯，《人生給的答案》，天下雜誌，2020
◊ 貝塞爾・范德寇（Bessel van der Kolk）、劉思潔譯，《心靈的傷，身體會記住》，大家出版，2017
◊ 娜汀・哈里斯（Nadine Burke Harris）、朱崇旻譯，《深井效應》，究竟出版，2018
◊ 索妮亞・柳波莫斯基（Sonja Lyubomirsky）、謝明宗譯，《練習，讓自己更快樂》，久石文化，2016
◊ 喬・馬琴（Jo Marchant）、朱浩一譯，《治癒力》，愛米粒，2016

後記

◊ 哈拉瑞（Yuval Noah Harari）、林俊宏譯，《人類大歷史》，天下文化，2018
◊ 比爾・布萊森（Bill Bryson）、沈台訓譯，《身體：給擁有者的說明書》，啟明出版，2021

國家圖書館出版品預行編目資料

原來，我們內心有一間解憂藥局：每天調配一點幸福感，改善心靈環境，扭轉負面情緒／李賢秀著；陳品芳譯 . -- 初版 . -- 臺北市：日月文化出版股份有限公司，2022.05，288 面；14.7×21 公分 . --（大好時光；56）
譯自：마음 약국 : 감정이 일상을 지배하지 않게 , 오늘의 기분을 돌보는 셀프 심리학
ISBN 978-626-7089-52-1（平裝）

1. 成功法 2. 自我實現 3. 心理治療

177.2 111003642

大好時光 56

原來，我們內心有一間解憂藥局

每天調配一點幸福感，改善心靈環境，扭轉負面情緒

마음 약국 : 감정이 일상을 지배하지 않게 , 오늘의 기분을 돌보는 셀프 심리학

作　　者：李賢秀（이현수）
譯　　者：陳品芳
主　　編：藍雅萍
校　　對：藍雅萍、郭昭君
封面設計：謝佳穎
美術設計：ivy_design

發 行 人：洪祺祥
副總經理：洪偉傑
副總編輯：謝美玲
法律顧問：建大法律事務所
財務顧問：高威會計師事務所
出　　版：日月文化出版股份有限公司
製　　作：大好書屋
地　　址：台北市信義路三段 151 號 8 樓
電　　話：(02)2708-5509
傳　　真：(02)2708-6157
客服信箱：service@heliopolis.com.tw
網　　址：www.heliopolis.com.tw
郵撥帳號：19716071 日月文化出版股份有限公司

總 經 銷：聯合發行股份有限公司
電　　話：(02)2917-8022
傳　　真：(02)2915-7212
印　　刷：禾耕彩色印刷事業有限公司
初　　版：2022 年 5 月
定　　價：350 元
I S B N ：978-626-7089-52-1

生命，因閱讀而大好